L'ABBÉ LOUVOT

BIOGRAPHIE

DE

L'ABBÉ LOUVOT

CHANOINE HONORAIRE, VICAIRE DE N.-D. DE DIJON

PREMIER AUMONIER DE L'HOPITAL DE LA CHARITÉ, A PARIS

PAR

L'Abbé René GARRAUD

CURÉ DE PREMEAUX

Membre de l'Académie des Sciences, Arts et Belles-Lettres de Dijon
et de plusieurs Sociétés d'Histoire et d'Archéologie.

DIJON

DAMONGEOT ET Cie, IMPRIMEURS DE L'ÉVÊCHÉ

40 — Rue Saint-Philibert — 40

1889

UN
CHANOINE DIJONNAIS

Ils sont encore nombreux les Dijonnais qui, pendant leur enfance ou leur jeunesse ont vu, il y a quarante ans, l'ardent vicaire de Notre-Dame de Dijon qui s'appelait l'Abbé Louvot. Ceux qui n'ont connu que le côté extérieur de sa vie active, exubérante même, agitée en 1848 par les événements politiques, le connaissent mal. Il faut pénétrer plus intimement dans les détails de son existence et ne pas en considérer seulement la surface pour avoir une juste idée de la valeur intellectuelle et morale de ce prêtre distingué du clergé dijonnais au XIX° siècle. Parmi ces derniers, on pourrait en citer de plus austères, de plus profondément versés que lui, peut-être, dans les questions ardues de la théologie; je ne crois pas qu'on puisse lui comparer beaucoup d'orateurs, ni en trouver un grand nombre dont le ministère ait été plus actif et plus fécond.

Le récit des luttes politiques de l'abbé Louvot, en 1848, ne sera pas la partie la moins intéressante de sa vie. Malgré la parfaite et constante orthodoxie de sa foi religieuse au milieu de ses opinions politiques, je crois devoir avertir le lecteur que, relativement à ces dernières, je n'entends aucunement, en les exposant, les adopter ou les préconiser. Je dois et je veux écrire, comme le dit excellemment un ancien : *Ad narrandum, non ad probandum.* Et je traduirais volontiers tout bas : *probandum* par *appouver* en disant : mon but est de raconter, non d'approuver. Si on me demande pourquoi j'ai entrepris de raconter cette vie, je ne serai pas embarrassé pour répondre.

Écrire la vie de ce prêtre dont l'existence a été mêlée à tous les événements religieux et politiques qui se sont passés à Dijon à notre époque, c'est retracer, en abrégé, l'histoire religieuse de Dijon au XIX° siècle. J'ajouterai que compatriote de l'abbé Louvot, je l'ai vu à l'œuvre, à Dijon, pendant douze ans ; que pendant vingt ans j'ai été souvent admis dans son intimité, à Paris ; que j'y ai reçu bien des confidences qui m'ont permis de connaître à fond ce prêtre éminent, dont la physionomie est certainement l'une des plus saillantes du clergé diocésain, auquel il a fait honneur, dans le siècle présent. Dirai-je aussi que j'ai eu entre les mains tous ses manuscrits et que j'ai encore, sous les yeux, sa volumineuse correspondance et tous ses papiers. Si tous ces motifs ne suffisaient pas, pour justifier mon entreprise, j'en invoquerais un que comprendraient sûrement ceux qui connaissent quels sont les sentiments de respect et d'affection que gardent les fidèles pour ceux qui les ont engendrés à la foi en Jésus-Christ. Je dirais qu'après avoir prié sur la tombe de celui auquel je dois, après Dieu, le bonheur d'être chrétien, j'ai voulu, en écrivant ces lignes, y déposer une couronne plus durable que celles qu'emporte le temps.

CHAPITRE PREMIER

Naissance, Famille, etc.

Le dix-huitième siècle n'avait plus qu'un an de durée avant de s'engloutir dans le passé, les églises profanées par la Révolution et le schisme n'étaient pas encore purifiées, et les autels renversés, par l'impiété, n'étaient pas encore relevés, quand naissaient, au centre de la ville de Dijon, deux enfants qui, pendant plus des trois quarts du dix-neuvième siècle, devaient contribuer à réparer les ruines d'une funeste époque, en fournissant une carrière sacerdotale féconde en œuvres et en mérites.

Le premier de ces enfants était Dominique Gruère (1) et le second, Charles Louvot dont j'écris la biographie.

Tous deux, avec des natures bien différentes, devaient concourir à la même œuvre, en se dévouant pour les âmes; tous deux nés, à la même époque, devaient passer presque toute leur vie, dans leur pays natal, et y mourir octogénaires, à peu d'intervalle, en laissant après eux le souvenir de jours bien

---

1. Dominique Gruère, né à Dijon, rue du Bourg, le 20 avril 1799; élève du séminaire Saint-Sulpice, à Paris, professeur de théologie morale au grand séminaire de Dijon, de 1825 à 1856. Curé de Saint-Apollinaire, aumônier de la communauté de Sainte-Marthe, chanoine titulaire en 1856, décédé à Dijon le 22 juillet 1886. (Chroniq. Relig. du 21 août 1886).

remplis. Le premier, doux, pieux, actif, d'une bonté souriante, d'une humeur enjouée et d'une bonhomie à la fois spirituelle et charmante ; le second ardent, vif, entreprenant, d'une volonté de fer, et d'un zèle qui, en sachant se dévouer, ne savait pas toujours se contenir dans de justes limites.

Les jeunes dijonnais qui n'ont jamais connu la rue du Bourg autrement qu'elle est aujourd'hui, peuvent difficilement se faire une idée vraie de ce qu'elle était, il y a seulement quarante ans. C'était le vieux Dijon, malgré ses imperfections, si cher à ses enfants. Ils ne reconnaissent plus leur père depuis que sa famille s'est accrue au point de tripler sa population. Toute la partie de la rue du Bourg située à droite, en allant de la rue des Forges à la place Saint-Georges, n'a guère changé d'aspect ; mais qu'elle transformation s'est opérée à gauche ! Les vieux dijonnais se souviennent de ces étaux de bouchers, recouverts d'une toiture basse, soutenue seulement par de grossières pièces de bois en forme de piliers, et autour desquels on circulait à peu près librement. Il y régnait de perpétuels courants d'air, attisés par les ruelles avoisinantes ; des eaux d'une limpidité plus que douteuse et d'une odeur *inoubliable* y séjournaient avant de se jeter dans le cours de Suzon.

C'est dans cette rue, au n° 28, que naissait, le 29 vendémiaire, An VIII (21 octobre 1799) Charles Louvot, de Nicolas Louvot (1766-1849) et de Anne Rousselin (1779-1829). Le père est qualifié de perruquier dans l'acte de naissance de son fils, rédigé à la mairie ; parmi les témoins, on voit figurer un de leurs parents, nommé Charles Boussey, vinaigrier très connu à Dijon, avec les fils duquel Charles Louvot conservera des relations de parenté et d'amitié pendant plus d'un demi-siècle. Le père de l'enfant nouveau-né, avait été en effet, avant la Révolution, valet de chambre-perruquier de M. de Damas à Dijon. Le maître et le serviteur furent arrêtés en 1793, emprisonnés et, à plusieurs reprises, menacés de la guillotine.

Après la mort tragique de Marat, arrivée le 23 juillet 1793, les rigueurs étant devenues moins vives, les deux prisonniers furent rendus à la liberté. A l'époque de la naissance de Charles, son père commençait à exercer un petit commerce d'étoffes dans la maison de la rue du Bourg, appartenant à une de leurs tantes qui était veuve. Cette maison a son histoire : la voici telle que l'abbé Louvot me la racontait. en septembre 1872, lors de son retour, de Paris, dans une de nos promenades favorites par les rues de notre cher Dijon.

Voyez-vous, me disait-il, en me montrant sa maison natale, cet arbre qui est sculpté dans le haut de la façade (1)? Au siècle dernier mon grand'oncle, en faisant réparer sa maison, y a fait mettre cette sculpture; c'était sa signature, il s'appelait Prunier.

Un autre souvenir plus touchant se rattache à cette humble demeure.

Ne cherchons pas l'acte de baptême de Charles, nous ne le trouverions pas. Le prêtre qui l'a fait chrétien, n'avait pas qualité pour rédiger des actes paroissiaux à Dijon. A l'époque de la naissance de cet enfant, l'Eglise de France était encore en deuil ; sans doute la persécution religieuse ne sévissait plus comme six ans auparavant, mais le culte catholique ne devait être solennellement restauré que près de trois ans plus tard. En 1799, deux cultes s'exerçaient publiquement à Dijon : celui de la Décade dans l'église Saint-Michel, où se tenaient les assemblées des patriotes républicains; et celui du clergé assermenté

1. On l'y voit encore aujourd'hui.

qui avait essayé de reconstituer son église, depuis
que la liberté des cultes avait été reconnue, en prin-
cipe, le 21 février 1795 et surtout depuis la tenue du
concile schismatique le 15 août 1797, à Notre-Dame
de Paris. Les fidèles ne répondaient pas aux appels
des prêtres assermentés qui n'inspiraient pas la confiance. Ces faux pasteurs, ces bergers, pour nous
servir d'une expression d'un transfuge de l'Eglise
catholique, n'étaient pas nombreux, mais les moutons
l'étaient moins encore (1). Les catholiques éclairés
et vertueux, ne voulaient recevoir les sacrements
que des prêtres fidèles. En 1799, ils n'étaient plus
persécutés, mais, n'ayant pas répondu à l'invitation
des évêques du concile schismatique de 1797, qui les
pressaient d'entrer dans leur église, ils se trouvaient
toujours privés des édifices publics et devaient continuer d'exercer leur ministère dans les maisons
particulières qui les avaient abrités pendant la tourmente révolutionnaire (2). Ils avaient fait imprimer,
en cette même année, un petit livre en forme de catéchisme pour prévenir les fidèles contre les dangers
des cultes impies qui s'exerçaient autour d'eux et
pour leur fournir, autant que possible, les moyens
de suppléer au culte catholique dont ils étaient
privés (3).

Du nombre de ces prêtres fidèles était l'abbé Gaudet, curé de Sombernon (4). Il avait reçu secrète-

1. Journal de Carion. Oct. et Déc. 1801.

2. L'évêque de Dijon, Mgr René des Monstiers de Mérinville
(1742-1829) était en exil et M. J.-B. Volfius (1734-1822) évêque
constitutionnel, ne parvenait pas à rassembler son troupeau.

3. Le catéchisme sur la sanctification des dimanches et des
fêtes, auquel on a joint un exercice pour suppléer aux saints
offices, à l'usage de ceux qui sont dans l'impossibilité d'y assister, 1799 (sans indication de lieu).

4. Pierre-Michel Gaudet, né à Dijon : d'abord chanoine de
Saint-Jean de cette ville, puis curé de Sombernon de 1781 à
1822.

ment l'hospitalité dans la maison de ses compatriotes, les époux Prunier, pendant la Terreur; il y était encore en 1799, pendant que sa cure était livrée à un intrus, et c'est lui qui le 20 avril de cette année baptisait Dominique Gruère, et le 20 octobre Charles-Denis Louvot.

Plusieurs fois on avait inquiété et même menacé l'hôte du curé de Sombernon et surtout sa femme; mais leur foi les avait toujours rendus inaccessibles à la peur et leur prudence les avait fait sortir heureusement de tous les dangers.

Charles Louvot était l'aîné de cinq enfants: Charles 1799-1883; Claude 1800-1852; Jean 1802-1867; Anne 1805-1864 et une jeune sœur, morte à Dijon âgée de quatorze ans.

On comprendra sans peine que, dans cette famille, on élevait chrétiennement les enfants, dès leur jeune âge. La présence du prêtre pendant les années de persécution, avait été à elle seule une constante prédication; elle avait profité à toutes ces générations et imprimé profondément dans les âmes, l'esprit de foi et de religion. J'ai entendu l'abbé Louvot presque septuagénaire, me parler avec émotion des sentiments de piété de sa mère, trop tôt ravie à son affection. Malgré le départ de l'abbé Gaudet pour Sombernon, où il était allé retrouver ses ouailles, on était joyeux dans la rue du Bourg, le jour de la Pentecôte 1802. Ce jour là, trois églises de Dijon (1) étaient solennellement rendues aux prêtres fidèles, et la religion catholique, si longtemps persécutée, reprenait ses droits. Les paroissiens, privés depuis plus de dix ans de leur légitime pasteur, le retrouvaient enfin. Celui de la paroisse Saint-Bénigne à laquelle appartenait la famille Louvot, était l'abbé

1. Saint-Bénigne, Notre-Dame et Saint-Michel.

Girarde, prédécesseur de l'abbé Riambourg, qui fut nommé en 1816, et dont nous aurons occasion de parler de nouveau, dans le cours de cette biographie (1).

Au commencement du dix-neuvième siècle, après les bouleversements de toute sorte opérés par la Révolution, l'instruction primaire était loin d'être donnée aux enfants, à Dijon, avec la profusion et le luxe que nous connaissons aujourd'hui.

Les Frères des Ecoles chrétiennes ne vinrent dans cette ville, qu'en 1817 (2). Avant cette époque, quelques vieux maîtres tenaient seuls des classes libres où les parents envoyaient, en payant, leurs enfants. De ce nombre étaient MM. Buvée et Prieur. C'est chez le premier de ces maîtres que Charles Louvot commença son instruction. C'était un écolier vif et remuant, espiègle, mais bon enfant. En jouant, un jour avec ses camarades, dans les rues de Dijon, il s'était luxé une jambe, et il lui resta toujours de cet accident, une légère claudication. Charles faisait de rapides progrès dans ses études primaires. On attachait alors plus d'importance qu'aujourd'hui à la calligraphie. Notre jeune écolier, avait, sous ce rapport, une aptitude particulière. J'ai sous les yeux des pages qu'il écrivait, quand il était encore jeune ; elle sont dignes de celui que nous verrons qualifier, à l'âge de vingt ans, au petit séminaire de Plombières,

1. Bernard Riambourg, né en 1748, vicaire à Notre-Dame de Dijon en 1772, nommé curé de Montigny-sur-Aube, en 1803 et peu de temps après, de Vitteaux, devint curé de la cathédrale Saint-Bénigne en 1816. Il est mort curé de cette paroisse le 13 septembre 1839, âgé de 90 ans. Depuis 72 ans, la cathédrale de Dijon n'a eu que deux curés. Le vénéré chanoine Moreau, chevalier de la Légion d'honneur, et curé actuel, né en 1806, a succédé à M. Riambourg en 1839.

2. Ils s'y étaient établis, pour la première fois, en 1705 et avaient quitté pendant la Révolution (Voyez *Chronique Religieuse de Dijon* du 24 juillet 1886).

de maître d'écriture. Il perdit, il est vrai, ce mince mérite de jeunesse, comme tous ceux qui sont obligés, par état, de passer la plupart de leur temps à écrire, et il ne faudrait pas comparer les pages dont je parle avec les volumineux cahiers de sermon qu'il composa, et que nous aurons, plus tard, occasion d'étudier.

A l'âge réglementaire, c'est-à-dire à dix ans, vers la fin de l'année 1809, Charles suivit les catéchismes, à Dijon, non point toutefois à Saint-Bénigne, paroisse sur laquelle habitaient ses parents, mais à St-Michel. Il faut sans doute attribuer cette circonstance à la résidence, sur cette dernière paroisse, de son maître d'école, M. Buvée, qui conduisait ses élèves au catéchisme dans sa paroisse. Nous savons que c'est à Saint-Michel que Charles fit sa première communion en 1811. Il le rappela lui-même avec émotion, dans un discours qu'il prononça dans cette église, en 1872, après son retour de Paris. C'est encore là, nous le verrons, qu'en 1883, on récita sur sa mortelle dépouille les prières de l'Eglise. Il avait, parmi ses nombreux compagnons de première communion, le futur docteur Lépine, qui s'est fait à Dijon, une grande réputation médicale et le savant archéologue Henri Baudot (1).

Le pasteur qui admettait ces enfants à cet acte si important de leur vie, était bien capable d'inspirer le respect des choses saintes. C'est son souvenir et celui de cette même époque (1809), qui faisait écrire, au Père Lacordaire mourant, une page remarquable de tendresse et de fraîcheur de sentiments. M. l'abbé Ph. Deschamps, premier confesseur, à St-Michel, de

---

1. Henri Baudot, né à Seurre. en 1799, président de la *Commission des Antiquités de la Côte-d'Or*, chevalier de la Légion d'honneur, mort à Dijon le 21 mars 1880.

l'éloquent dominicain, était, dit ce dernier, un vieillard vénérable, doux et bienveillant (1). Le souvenir de cette première entrevue, ajoute le Père Lacordaire, entre mon âme et le représentant de Dieu, me laissa une impression pure et profonde. Je ne suis jamais rentré dans la sacristie de Saint-Michel de Dijon, je n'en ai jamais respiré l'air, sans que ma première confession me soit apparue sous la forme de ce beau vieillard et de l'ingénuité de mon enfance. L'église tout entière de Saint-Michel a, du reste, participé à ce culte pieux, et je ne l'ai jamais revue sans une émotion qu'aucune église n'a pu m'inspirer depuis. Ma Mère, Saint-Michel et ma religion naissante font dans mon âme une sorte d'édifice, le premier, le plus touchant et le plus durable de tous (2).

Ce culte pieux pour l'église Saint-Michel et son vénérable pasteur, Charles Louvot le partagea avec son illustre contemporain et cette communauté des religieux sentiments de leur enfance ne contribua pas peu à rapprocher, vingt ans plus tard, à Paris, leurs âmes de jeunes lévites.

Quelques semaines après sa première communion, Charles recevait, à Dijon, le sacrement de confirmation des mains de Mgr Reymond. (3)

1. M. Philippe Deschamps, né à Dijon, en 1741, curé de Saint-Michel de 1802 à 1831, décédé chanoine honoraire, chevalier de la Légion d'honneur, âgé de 88 ans, le 11 octobre 1831. Intimement uni à M. Guillaume Leprince (1740-1825) ancien chanoine de la Sainte-Chapelle de Dijon, qui refusa l'épiscopat, afin de ne pas se séparer de son ami, il voulut encore lui demeurer uni dans la tombe : *Juxta utriusque mentem et votum in morte quoque non sunt divisi.* (Inscription de leur tombeau).

2. Lettres du P. H. D. Lacordaire à Th. Foisset, publiées par Joseph Crépon. Paris, Poussielgue, 1886, page 15.

3. Henri Reymond (1757-1820), né à Vienne, en Dauphiné, évêque du département de l'Isère en 1793 et de Dijon de 1802 à 1820.

En cette année 1811, vers le milieu de juin, on rencontrait, dans les rues de Dijon, des troupes de jeunes écoliers qui chantaient, à l'envi, des couplets patriotiques, et, parmi ces enfants, on en distinguait un, à la mine éveillée, aux yeux vifs et malins, qui semblait être le chef de la bande. C'était Charles Louvot qui répétait, avec entrain, le refrain suivant :

> « J'ons vu le souffre et le charbon
> « Se changer en étoile,
> « Et le feu, su tout l'horizon,
> « D'la nuit dissiper l'voile
> « Suz un clocher, j'ons vu l'soleil
> « Tourner contre une planche
> « Et luir d'un éclat sans pareil
> « V'là c'que j'ons vu dimanche.

C'est qu'en effet quelques jours auparavant, Dijon était en liesse. On venait de fêter, par des réjouissances publiques, le baptême, à Paris, du fils de Napoléon Ier et de l'archiduchesse Marie-Louise. Cet enfant, né le 20 mars 1811, et auquel on avait donné le nom si lourd à porter de Roi de Rome, avait été baptisé en grande pompe, à Notre-Dame de Paris, dans les premiers jours de juin. Dans toute la France on avait célébré cet événement par des fêtes populaires.

A Dijon, nous dit un chroniqueur du temps (1). « Un joli feu d'artifice élevé sur la Plate-Forme ramenait le soir la foule à la porte Guillaume : le plus grand nombre des pièces fut d'une belle exécution ; mais ce qui fixa davantage l'attention, ce sont les autres pièces d'artifice qu'on avait eu la hardiesse de placer à la pointe de la flèche de la cathédrale. (2)

---

1. *Journal de Carion*, 13 juin 1811.

2. Cette flèche était la troisième que l'on avait élevée sur l'église Saint-Bénigne. Elle remplaçait celle qu'un coup de vent

Un an ou deux après la première communion de Charles, selon l'usage suivi dans les familles d'ouvriers à Dijon, son père lui demanda quel état il voulait apprendre. L'enfant se sentait peu de goût et d'aptitude pour un métier manuel, il eût de beaucoup préféré continuer à étudier dans quelque école où il aurait pu développer les dispositions heureuses qu'avait remarquées en lui son premier maître. Mais, outre qu'à cette époque, les facilités étaient bien moins grandes qu'aujourd'hui pour donner aux enfants du peuple une instruction plus étendue que celle qu'on recevait dans les écoles primaires, son père, chargé de famille, n'avait pas les ressources qui eussent été indispensables pour faire continuer à son fils les longues et dispendieuses études qui mènent aux carrières libérales. Force fut donc au jeune Charles de faire choix, bien malgré lui, d'un état manuel.

Il y avait alors, comme aujourd'hui, dans l'une des rues les moins favorisées de Dijon, la rue Dauphine, située derrière la rue du Bourg, plusieurs ateliers de serrurerie. C'est dans l'un d'entre eux que l'on plaça Charles en qualité d'apprenti. Pendant trois ans, le jeune serrurier fit tous ses efforts pour répondre aux leçons de son nouveau maître. Sa robuste constitution le rendait physiquement apte à ces rudes travaux, mais il sentait que le fer rouge brûlait vainement ses membres juvéniles et il eût bien mieux aimé se mettre en état de porter la conviction dans l'âme de nombreux auditeurs chrétiens

avait jetée par terre en 1738 et qui avait elle-même été construite à la place de la première flèche foudroyée en 1606, incendiée en partie en 1625, et, de nouveau atteinte, par la foudre en 1639 ; cette troisième flèche, la plus belle, haute de 91 mètres, avait coûté 80,000 livres, en 1742. Elle fut démolie en 1885. (*Etude historique et critique sur la mission de saint Bénigne*, par M. l'abbé Bougaud. Autun, Dejussieu, 1859, page 378.)

avec le glaive d'une parole enflammée. Les débuts
de Charles Louvot furent semblables à ceux de François Rude (1784-1855), son illustre compatriote et
contemporain, qui lui aussi mania, dans sa jeunesse,
le fer et le feu dans la boutique de son père située à
peu de distance de la demeure de la famille Louvot.
Une blessure qu'il reçut détermina sa vocation d'artiste, et fut cause que Dijon compta une illustration
de plus parmi ses nobles enfants. Charles Louvot se
souvint, en 1847, de l'analogie de ses débuts dans la
vie, avec ceux de l'artiste, à l'occasion des fêtes données pour l'inauguration de la belle statue de Fixin,
et il rendit à son compatriote un juste tribu d'hom-
mages, dans un toast qu'il fit porter à François Rude,
au banquet de la salle de Flore. (1)

Blessé, lui aussi, dans ce rude métier de serrurier,
Charles prend la résolution de le quitter pour se
livrer exclusivement à l'étude qui a toutes ses sympathies. Nous sommes en 1817, aux premières années de la Restauration, les Frères des écoles chrétiennes viennent de prendre possession d'un modeste
local, à Dijon, pour se consacrer comme ils l'avaient
fait pendant près d'un siècle, avant la Révolution, à
l'instruction des enfants du peuple. Charles a vu,
pour la première fois, ces dévoués religieux ; aussitôt
sa détermination est prise : Il ne peut aspirer à
l'honneur du sacerdoce qui exigerait de lui, des
études trop longues et trop dispendieuses pour sa
condition, il entrera chez les frères et se dévouera
pour la classe ouvrière, qui déjà a conquis toutes
ses affections. Faire part de son projet à ses parents
et obtenir leur consentement fut l'affaire de quelques
jours. On comprenait, dans sa famille, le dévoue-

1. *Notice sur le monument élevé à Napoléon à Fixin.* Dijon,
Loireau-Feuchot, 1847, page 28.

ment chrétien, et le sacrifice qu'il fallait faire d'un enfant qui demandait à se consacrer à Dieu, pour être utile à son peuple, n'était pas au-dessus des sentiments de foi de ces âmes religieuses. Charles partit donc sans retard pour le noviciat des Frères des écoles chrétiennes, le plus proche de Dijon, situé à Lyon, rue du Petit-collège. Il avait alors dix-sept ans et quelques mois.

Il y passa une année, pendant laquelle il compléta son instruction primaire, afin d'être bientôt capable de la donner lui-même aux enfants. Il se forma surtout aux vertus de ces humbles et si utiles religieux auxquels l'empereur qui les avait rappelés en France disait : « Faites de mes sujets de bons chrétiens, c'est le meilleur moyen d'en faire de bons citoyens ».

Dès l'année suivante, 1818, car on avait grand besoin de jeunes frères pour répondre aux nombreuses demandes que l'on adressait, de toute part, aux supérieurs, on envoyait le jeune religieux à Condrieu, chef-lieu de canton de 2,500 habitants, situé dans l'arrondissement de Lyon. La petite communauté de Condrieu, se composait de quatre frères qui dirigeaient trois classes gratuites. Malgré sa jeunesse et à cause de sa vive intelligence notre compatriote fut chargé de la seconde classe. Il remplit pendant trois ans, de 1818 à 1821, ces obscures mais bien méritoires fonctions d'instituteur congréganiste, occupé à l'instruction des enfants du peuple. On aimerait, sans doute, à connaître les détails de cet apprentissage de la vie religieuse, dans lequel Charles Louvot s'accoutumait aux devoirs austères que lui imposeraient, plus tard, les engagements sacrés qu'il devait contracter. Malheureusement les renseignements font défaut dans les archives trop incomplètes, de l'Institut des Frères des écoles chrétiennes, pendant les premières années de sa reconstitution en France.

C'est à peine si une ou deux notes, trouvées dans les papiers de l'abbé Louvot, après sa mort, nous ont permis de juger, par quelques pieux souvenirs, échangés entre eux, des sentiments affectueux que lui gardèrent ses frères en religion, quand il les eut quittés pour suivre une vocation plus sainte et mieux en rapport avec les brillantes qualités que ses supérieurs remarquaient en lui.

Il avait toujours nourri l'espoir d'être prêtre, et il n'est pas douteux qu'il fit part de ce désir à son directeur de conscience à Condrieu. On avait, à ce moment, trop besoin de prêtres, pour combler les vides faits par la Révolution, et surtout de prêtres jeunes et instruits, pour qu'une telle proposition de la part d'un religieux, sur le mérite duquel il n'était pas possible de s'abuser, passât inaperçue. D'ailleurs le directeur de Charles Louvot, dut facilement reconnaître que la vie de prêtre séculier en donnant plus de liberté d'action et en offrant un champ plus vaste au zèle de celui qu'il dirigeait, conviendrait mieux à son tempérament et à ses aptitudes. Il fut donc décidé, en 1821, avec le consentement de ses supérieurs, que le jeune religieux quitterait la communauté de Condrieu, et retournerait dans sa famille, pour se préparer à entrer au petit séminaire.

De ce séjour de quatre années, passées chez les Frères, Charles Louvot conserva toujours le meilleur souvenir. C'est là qu'il venait d'apprendre à se dévouer pour les âmes, dont on lui avait fait connaître le prix. Aussi le verrons-nous réclamer la visite de ces excellents religieux, pendant les dernières années de sa vie et demander, par une clause de son testament, la présence de quatre d'entre eux à ses obsèques.

En rentrant à Dijon en 1821, le futur lévite trouvait le petit séminaire diocésain transféré de Flavigny à Plombières-les-Dijon. Mgr Dubois, évêque de Dijon (1), successeur de Mgr Reymond, venait d'acheter l'ancien château de Plombières, construit par le dernier abbé de Saint-Bénigne en 1767, devenu quelque temps après, la maison de campagne des évêques de Dijon, et vendu comme propriété nationale, en 1791. Les transformations nécessaires pour faire de l'ancien château de ses prédécesseurs le petit séminaire du diocèse, étant opérées, ce fut, dans ce nouveau local, qu'eut lieu la rentrée des élèves, au mois de novembre 1821.

La Providence venait d'ailleurs de ménager à Charles une occasion favorable d'obtenir la protection de l'évêque, en amenant un changement dans la situation de sa famille. Le commerce de son père, rue du Bourg, n'avait pas prospéré et il avait dû le quitter. La place de concierge de l'évêché étant devenue vacante par le départ d'Etienne Develle (2) avait été offerte à Nicolas Louvot qui s'était empressé de l'accepter.

Le nouvel évêque de Dijon accueillit avec faveur ce jeune dijonnais quittant la robe du religieux pour demander la soutane du séminariste. Il l'envoya à Plombières où, si l'on avait besoin d'élèves, on n'a-

1. (1754-1822). Mgr Dubois fut nommé évêque de Dijon au mois de mars 1820 et mourut à Paris, au mois de janvier 1822.

2. Etienne Develle quittait l'évêché pour aller demeurer chez son fils, M. Charles-Nicolas Develle (1788-1856), curé de Savigny-sous-Mâlain. Ce dernier fut successivement curé de Braux, aumônier de l'hôpital de Dijon et mourut à Beaune, au mois de septembre 1856, aumônier de l'hospice de la Charité, laissant une grande réputation de sainteté.

Nicolas Louvot demeura concierge de l'évêché jusqu'à sa mort arrivée en 1849 ; sa première femme étant morte en 1829, il s'était remarié et sa veuve resta concierge de l'évêché jusqu'à sa mort, en 1854.

vait·pas moins besoin de professeurs. Charles y fut l'un et l'autre. Son âge qui n'était déjà plus celui d'un petit séminariste ordinaire, il avait alors 22 ans, sa qualité d'ex-religieux, ses connaissances acquises et surtout son expérience dans l'enseignement primaire, rendait son concours précieux et on sut en profiter. Les quelques leçons qu'il avait pu prendre, avant son entrée à Plombières, où son esprit pénétrant s'était comme joué dans les premiers éléments de la langue latine, lui permirent de suivre, tout en arrivant, le cours de seconde qui avait pour professeur M. l'abbé Desoulières. Charles Louvot obtint vite le second rang dans sa classe et eut les seconds prix à la fin de l'année scolaire. Le vénérable abbé Sebillotte, supérieur du petit séminaire apprécia, à sa juste valeur, le nouveau venu. A peine trois mois après la rentrée, il écrivait, dans un bulletin envoyé aux parents de Charles à Dijon, la note particulière suivante : « Goût et cœur excellents ; dispositions heureuses. Il ne se laisse rebuter par aucunes difficultés ; plein de zèle et d'ardeur, ses progrès iront toujours croissants ». On comprend qu'avec de telles aptitudes, Charles ait marché rapidement dans ses études.

Au mois de novembre 1822 il suivait déjà, avec succès, le cours de rhétorique, que M. Désoulières professait pour la première fois, et dès le 22 mai 1823 Mgr de Boisville (1) qui venait de succéder à Mgr Dubois, donnait la tonsure au jeune séminariste.

En l'admettant à la cléricature, Mgr de Boisville lui donna une marque de sympathie ; il lui offrit un ouvrage qu'il avait composé avant d'être évêque de

---

1. Jean-François-Martin de Boisville (1755-1829), évêque de Dijon de 1822 à 1829.

Dijon, et que l'abbé Louvot garda précieusement pendant toute sa vie (1).

Revêtu de la soutane, l'abbé Louvot fut aussitôt employé au petit séminaire, en qualité de préfet des études de la troisième division. Il pouvait ainsi suivre le cours de rhétorique avec la division supérieure des élèves et surveiller l'étude des plus jeunes séminaristes. L'année suivante 1823-1824, nous le retrouvons parmi les élèves du cours de philosophie qui se fit, à Plombières, jusqu'en 1827, et que professait alors M. l'abbé Bizouard (1790-1854). A la rentrée de novembre 1824, au lieu d'aller commencer sa théologie au grand séminaire de Dijon, il resta à Plombières, en qualité de préfet des études de la seconde division et de maitre d'écriture. Le vénéré supérieur du petit séminaire, M. Sebillotte était mort le 19 mars de cette année, et avait été remplacé par M. Faivre (2). Tout faisait supposer que le jeune abbé poursuivrait paisiblement le cours de ses études théologiques à Plombières ou à Dijon, quand une ouverture qui lui fut faite par M. l'abbé Jordanis (3) vint donner momentanément une nouvelle direction aux études du séminariste dijonnais.

On avait fondé à l'issue de la Révolution, à Paris, un collège ecclésiastique pour l'éducation des jeunes gens de bonne famille (4) auxquels on présentait cette

1. *Imitation de Jésus-Christ*, nouvelle traduction en vers. A Paris, chez Antoine-Augustin Renouard, M.D. CCC. XVIII. Imprimerie Crapelet, 1818, 398 pages, environ 10,800 vers.

2. Mort curé-doyen de Laignes en 1851.

3. M. l'abbé Jordanis (1789-1853) avait été militaire pendant sa jeunesse, il s'était fait prêtre et avait été successivement dépensier au collège Stanislas à Paris et économe des séminaires à Dijon. Il était chanoine honoraire, prêtre retiré sur la paroisse Notre-Dame de Dijon en 1848 où il mourut en 1853.

4. Claude-Rosalie Liautard, fondateur du collège Stanislas, précédemment curé de Fontainebleau, né à Paris le 7 avril 1774, mort à Paris le 17 décembre 1842. Antoine-Jean-Baptiste Augé,

belle devise : « Français sans peur, chrétiens sans reproche. » M. l'abbé Jordanis qui avait été économe de ce collège pendant quelques années, n'ignorait pas que l'on avait besoin de jeunes professeurs intelligents. Par son entremise, l'abbé Louvot y fut agréé en qualité de préfet des études et de professeur de classe de latinité.

Il obtint l'agrément de Mgr de Boisville et se fit délivrer par M. Faivre, supérieur de Plombières, un certificat qui constatait que M. Charles Louvot, clerc tonsuré, avait fait ses classes avec succès, pendant quatre ans, au petit séminaire, qu'il y avait rempli les fonctions de maître d'étude et qu'il s'était acquis l'estime des supérieurs et professeurs dont il emportait les regrets. C'était le 2 septembre 1825.

En se rendant au collège Stanislas, à Paris, où il demeura pendant deux années, du mois de septembre 1825 au mois de septembre 1827, l'abbé Louvot n'y allait pas seulement pour être professeur. Il avait étudié seul, pendant un an à peine, sa théologie à

docteur en Sorbonne, directeur au collège Stanislas. Les portraits en gravure de ces deux prêtres ont été constamment dans la chambre de l'abbé Louvot, jusqu'à sa mort, ainsi que celui de M. l'abbé Colin, vicaire général de Dijon (1764-1830). Né à Dijon, M. Jean Colin était, avant la Révolution, vicaire et chanoine de l'église Saint-Jean à Dijon. Il refusa le serment schismatique. Mgr Reymond le nomma grand vicaire en 1802. Il rendit de grands services au diocèse, sous les épiscopats de Mgr Reymond et de ses deux successeurs, pendant 28 ans. M. Colin était chevalier de la légion d'honneur.

Ce portrait de M. Colin, que l'on voyait dans un grand nombre de presbytères du diocèse de Dijon, il y a soixante ans, le représente à l'âge de 45 ans, revêtu du costume canonial et portant la croix de la légion d'honneur sur la mozette. Cette gravure est la reproduction de l'original au pastel. Ce dernier appartenait, depuis la mort de M. Colin à l'abbé Mairot (1803-1870), prêtre dijonnais, ancien chapelain de Saint-Louis-des-Français, à Rome ; sa sœur le donna à une famille de Labussière, village du canton de Pouilly-en-Auxois. Cette famille en fit présent à M. l'abbé Blandin, alors curé de Labussière, aujourd'hui curé d'Arcenant, où il est conservé.

Plombières ; il devait suivre à Paris les cours d'un séminaire afin de se mettre en état de subir les examens qui doivent précéder la réception des saints ordres. Ce fut au séminaire des missions de France que l'on envoya le jeune clerc, qui, tout en préparant les classes de latinité dont il était chargé, assistait dans l'intervalle de ses occupations de professeur, aux différents cours de théologie.

Ce cumul des études de professeur avec celle d'élève de théologie ne laissait pas que d'être pénible et demandait autant de travail que d'heureuses dispositions ; mais, outre que le jeune abbé n'en manquait pas (1), il lui procurait, depuis cinq ans déjà, l'avantage de pouvoir poursuivre ses cours théologiques sans grever le budget de sa famille.

Une noble émulation stimulait son ardeur et sa facilité pour l'étude. Il rencontrait, tant au collège Stanislas qu'au séminaire des missions, des esprits distingués avec lesquels il demeura en commerce intellectuel pendant toute sa vie. Nous ne pouvons énumérer toutes les relations de l'abbé Louvot qui datent de cette époque. Citons au moins les abbés : Millériau, qui fut le jésuite si connu plus tard par le succès de ses missions, Broha qui devint curé de Saint-Jean-Saint-François à Paris et resta toujours le fidèle ami de son condisciple, le futur père Monjardet, dominicain, Mgr Buquet, évêque de Parium, Mgr Ravinet, évêque de Troyes, M. Modelonde, curé de la Trinité et M. de Rolleau, curé de N.-D. de Lorette, à Paris.

Ces relations ne furent pas les seules que se créa le jeune abbé à Paris ; il eut la rare fortune de se

1. Mgr Tournefort, ancien vicaire général de Dijon, nommé évêque de Limoges en 1824, qui connaissait les aptitudes de l'abbé Louvot, en avait fait le plus grand éloge au marquis d'Archambaut qui lui écrivit le 24 septembre 1826, de la part de l'évêque pour lui recommander son propre fils, élève du jeune professeur.

trouver en contact avec deux illustres contemporains dont l'un était, en même temps, son compatriote bourguignon : l'abbé Dupanloup qui venait d'être ordonné prêtre cette même année 1825 et l'abbé Lacordaire qui en entrant au séminaire d'Issy l'année précédente 1824, écrivait, à Dijon, à son ami Foisset : « Le 12 mai, jour anniversaire de ma naissance, j'irai me confiner dans la solitude d'Issy, où Bossuet a conversé avec Fénelon sur les fameuses disputes du quiétisme, et d'où j'apercevrai, de loin, la capitale. »

L'abbé Louvot plein de jeunesse et d'ardeur se plaisait dans la société de ces ecclésiastiques de tant d'avenir, qui devaient jouer un rôle si considérable dans l'église de France, au dix-neuvième siècle.

Nous aurons bientôt la preuve de l'existence de ces relations et de l'estime que firent de l'abbé dijonnais les deux ecclésiastiques déjà éminents qu'il fréquentait.

A la fin de sa première année de séjour au collège Stanislas, le supérieur du séminaire des missions, présentait aux ordres mineurs le jeune abbé, qui avait régulièrement suivi les cours de théologie. Ils lui furent conférés par Mgr Charrier de la Roche, premier évêque de Versailles, dans une ordination générale faite par ce prélat à la chapelle du séminaire des Missions. C'était le samedi des Quatre-Temps, 23 décembre 1826. Un an après, en septembre 1827, Charles Louvot se disposait à rentrer à Dijon, pour se préparer pendant quelques mois, au grand séminaire, à la réception des premiers ordres majeurs et de la prêtrise. Mais avant de quitter Paris, il voulut revoir ses amis et en particulier l'abbé Lacordaire qui, après avoir terminé son séminaire à Saint-Sulpice, était revenu, au mois d'août 1827, dans la solitude d'Issy, où il se préparait au sacerdoce qu'il reçut dans la chapelle de l'archevêché de Paris, le 22 septembre de cette année. On comprend sans peine quels furent les épanchements des deux jeunes lévites, unis entre eux par tant de liens, à la veille d'être honorés du sacerdoce, cet objet si saintement désiré de leurs cœurs avides de procurer la gloire de Dieu et le salut des âmes. On parla de la science, moins encore que de la sainteté qu'exigeait le divin sacrifice qu'on allait offrir, on n'oublia ni Dijon, ni les amis que l'on y chérissait et on se sépara en se demandant et en se promettant mutuellement les suffrages pieux tels que les comprend un lévite qui, bientôt, va monter à l'autel pour la première fois. La veille de son départ pour Dijon, l'abbé Louvot recevait de son ami l'abbé Lacordaire une lettre que nous transcrivons ici, moins encore comme pièce inédite de notre illustre compatriote, que comme témoignage des sentiments que nous venons d'analyser.

« J'envoie à M. l'abbé Louvot les livres que Foisset
« lui a demandés. Je le prie de lui faire mes amitiés
« en les lui remettant, et de recevoir lui-même les
« souhaits que je fais pour son voyage et pour son
« ministère futur dans notre cher pays. Je suis tout
« à lui avec un parfait dévouement. H. Lacordaire.
« Issy, 29 Août 1827. »

Le jeune abbé apportait, avec lui, les attestations les plus flatteuses des supérieurs du collège Stanislas et du séminaire des Missions. M. Augé, directeur du collège, lui écrivait, à Dijon, une lettre qui devait être communiquée au supérieur du Grand-Séminaire et dans laquelle il lui disait : « Vous nous avez
« édifiés par votre régularité, votre bonne conduite,
« la pureté de vos mœurs, votre ardeur pour l'étude
« et votre attachement à notre saint état. » (1)

---

1. Trois ans plus tard, le 23 juin 1830, M. Augé écrivait à son jeune protégé, devenu curé de Viévigne, une lettre, à l'occa-

De son côté M. Froment, supérieur du séminaire des Missions de France, écrivait à son collègue du séminaire de Dijon : « M. l'abbé Louvot a suivi le « cours de théologie, dans notre séminaire, avec « assiduité et un succès marqué. » Enfin M. Bayot, professeur de théologie morale confirmait ces excellents témoignages par les paroles suivantes : « *Testificor carissimum dominum Louvot, hujusce seminarii alumnum sese multùm præbuisse commendabilem, tùm acri addiscendæ theologiæ studio, tùm magnis in hujusce modi studiis progressibus* ».

Telles étaient les recommandations qu'apportait l'abbé Louvot à son entrée au Grand-Séminaire de Dijon. Il y trouvait pour supérieur un homme éminent entre tous les prêtres distingués que le diocèse de Dijon a donnés à l'Eglise : M. l'abbé Antoine-Victor Poinsel (1794-1878), successivement professeur de rhétorique et de philosophie au collège de Langres, supérieur à deux reprises différentes du grand séminaire de Dijon, vicaire général de Dijon et de Limoges, et enfin doyen du chapitre de la cathédrale de Dijon. L'un des directeurs était un jeune prêtre modeste et pieux qui remplit, plus tard, pendant la plus grande partie de sa longue carrière, la charge de supérieur du séminaire : le vénérable abbé René Bauzon (1798-1886).

Le professeur de théologie morale était l'ami de Charles Louvot, ce compatriote dont nous avons parlé en commençant ce travail : Dominique Gruère (1799-1886), qui, ayant achevé de bonne heure sa théologie à Saint-Sulpice, était revenu dans sa ville natale où on lui avait confié l'enseignement de la morale qu'il professa pendant quarante années. La théo-

sion de sa cinquantième année de prêtrise, dans laquelle ses affectueux sentiments étaient accompagnés des plus sages conseils de direction.

logie dogmatique avait pour professeur l'abbé Renault, plus tard vicaire général capitulaire, avec le savant abbé Thomassin, après le départ de Mgr Rey, et qui vint finir ses jours à l'ombre du berceau de Saint-Bernard à la restauration duquel il consacra les dernières années de sa vie. Si nous ajoutons à ce personnel le nom de M. l'abbé Gouget, professeur de philosophie, mort curé de Talant, nous aurons la nomenclature complète des directeurs du séminaire de Dijon, pendant les années 1827 et 1828.

Ce sont ces hommes pieux et savants qui devaient préparer, pendant six mois, le jeune minoré à la réception des saints ordres. Ils le présentèrent en effet au sous-diaconat le 22 septembre 1827 ; au diaconat le 1er mars 1828 et à la prêtrise le 22 du même mois. Tous ces ordres lui furent conférés à Dijon, par Mgr de Boisville. Ce fut donc aussi à Dijon, et, selon toute probabilité, à la cathédrale, que le nouveau prêtre monta pour la première fois à l'autel, en présence de ses parents et de ses amis, heureux de le voir enfin arrivé au terme de ses désirs. Ce jour-là sa tendre mère éprouva une de ses plus pures et plus vives joies ; cette mère qui devait être bientôt ravie à son affection et qu'il aimait comme savent aimer leur mère tous les nobles cœurs, eut au moins, avant de mourir, la consolation d'être bénie par son fils aîné, devenu prêtre.

L'année suivante, 1829, elle faisait venir, pour lui fermer les yeux, ce fils qui partageait si bien sa tendresse et qui, je le sais, garda jusque sous les glaces de l'âge, un culte pieux pour celle qui lui avait donné le jour et inspiré des sentiments chrétiens.

Nous venons de le voir, ce jeune lévite ordonné prêtre à vingt-neuf ans, n'avait fait que passer par le séminaire ; par suite de circonstances indépendantes de sa volonté, il n'avait pu y faire qu'une

sorte de retraite de quelques mois, il n'y avait pas
vécu pendant quatre ou cinq années, comme cela a
lieu ordinairement. Sa science théologique, grâce à
son intelligence et à un travail soutenu n'eut pas à en
souffrir notablement, je le veux bien, mais ce qu'il
ne put pas acquérir à un haut degré, chose toujours
regrettable, ce fut l'esprit ecclésiastique auquel on
ne s'identifie que par une longue habitude des exercices du séminaire. L'abbé Louvot fut toujours un
bon prêtre, plein de zèle et de dévouement ; il garda
toujours aussi dans ses relations avec le monde, dans
ses manières extérieures, une liberté d'allures, une
certaine franchise exagérée de langage qui ne détrui-
sit pas ses solides et brillantes qualités, mais que ses
ennemis exploitèrent souvent contre lui et qui ne
laissèrent pas que de lui nuire en plus d'une circonstance.

CHAPITRE II

La cure de Viévigne. — La cure de Longvic. — Le Canonicat.
— Le Vicariat de Notre-Dame de Dijon. — L'aumônerie de la
prison militaire. — 1848. — Candidature à la députation. —
Profession de foi. — Les clubs. — Les adversaires politiques.
— Les élections. — Désistement.

En 1828, on avait, comme aujourd'hui encore,
grand besoin de prêtres, aussi le jour même de son
ordination l'abbé Louvot recevait-il sa nomination
de curé de Viévigne. Ce village du canton de Mire-
beau, qui compte environ trois cents habitants, est
solitaire. Bâti sur la déclivité d'un léger coteau, il
semble se cacher aux regards indiscrets et prête au
recueillement. L'église n'est point luxueuse, mais
elle est décente ; le presbytère, simple et convenable
d'ailleurs est entouré d'un jardin qui l'isole encore
des bruits du village. C'est dans cette paisible
demeure que notre compatriote fut appelé à faire
ses débuts dans le saint ministère.

Ce calme, cette solitude, favorables aux études
sérieuses et aux méditations ne déplaisaient pas au
jeune prêtre. La médaille, toutefois, avait un revers.
Plusieurs paroisses des environs et notamment Spoix
et Flacey étaient vacantes et le curé de Viévigne,
sur la robuste santé duquel Mgr de Boisville comptait hardiment, fut chargé d'y exercer son ministère.

Ce fut donc par une vie active, plutôt que par une vie d'étude, que débuta le jeune curé. D'ailleurs, sans être éloigné de Dijon, le village de Viévigne, surtout à cette époque où les communications étaient encore difficiles, n'était point à sa proximité et n'offrait pas les ressources que pouvait désirer un ecclésiastique studieux. L'abbé Louvot y demeura pendant trois ans, évangélisant avec zèle ses paroissiens qui, les premiers, entendirent sa parole ardente et imagée. Sa voix sonore et harmonieuse, qui devait plus tard retentir sous les voûtes des cathédrales, chantait avec de juvénils accents, les louanges du Seigneur au milieu de ces hommes simples des champs qui comprenaient que leur curé, dont ils étaient fiers, ne serait pas déplacé dans une plus haute position.

Monseigneur de Boisville était mort au mois de mai 1829 et avait été remplacé à Dijon, sur la fin de la même année, par Mgr Raillon (1762-1835). C'est ce dernier évêque qui nommait l'abbé Louvot, le 1er avril 1831, à la cure de Longvic, près Dijon, devenue vacante par le départ de M. l'abbé Linoir qui passait à la cure de Fontenelle. Tous les dijonnais connaissent Longvic, ce village de près de 600 habitants qui est bâti sur les bords de l'Ouche à peu de distance du beau parc de Dijon, dont les magnifiques avenues forment à la petite bourgade un chemin enchanteur. Le nouveau curé de Longvic, qui occupa ce poste pendant deux ans et demi, conserva toujours de cette paroisse un agréable souvenir; il rêvait d'y venir finir ses jours quand ses forces éteintes lui rendraient tout ministère impossible. Il était bien là en effet, à la porte de Dijon où il trouvait des parents, des amis et des livres. La Providence ne l'y laissa pas ; nous allons voir comment, sans qu'il s'en doutât, elle allait le ramener dans sa ville natale elle-même et y agiter sa vie par de multiples événements.

Le nouvel évêque, Mgr Raillon, ne fit, pour ainsi dire, que passer à Dijon ; dès le mois de mai 1833, il était appelé à l'archevêché d'Aix. Son successeur était le vicaire capitulaire du diocèse dont il devenait archevêque, en sorte que les deux prélats se remplacèrent mutuellement. Mgr Raillon dut même attendre, assez longtemps, que Mgr Rey, dont le sacre n'eut pas lieu sans difficulté, fut prêt à quitter Aix pour venir s'installer à Dijon (1). Une hostilité qui prit naissance à la suite d'une lettre rendue publique et dans laquelle M. l'abbé Rey avait déclaré ne point partager l'opinion du clergé qui refusait les prières de l'Eglise au nouveau chef de l'Etat issu de la Révolution de 1830, se souleva ardente contre le nouvel évêque de Dijon. Arrivé dans sa ville épiscopale sous de fàcheux auspices, l'évêque rencontra partout de l'opposition ; son caractère acerbe et violent ne fit qu'envenimer les choses et le diocèse de Dijon fut profondément troublé.

Si peu favorable que fùt à l'évêque le clergé dijonnais, il se trouva toutefois quelques ecclésiastiques plus conciliants qui prirent le parti de Mgr Rey.

On les appelait les *Reytiques*. L'abbé Louvot était du nombre. On comprend que l'évêque dùt favoriser ses rares partisans. Le jeune curé de Longvic qui

1. M. l'abbé Rey (1773-1858), qui fut du nombre des premiers évêques nommés après la Révolution de 1830, avait été désigné pour l'évêché de Dijon par l'influence déjà grande de M. Thiers, son compatriote, auquel il avait lui-même rendu des services. L'épiscopat français et le clergé ainsi que les catholiques influents de Dijon, n'accueillirent pas ce choix sans défiance : des réclamations furent adressées au gouvernement et au Souverain-Pontife.

Le pouvoir civil mit une vive insistance à l'acceptation de son candidat. Rome, dans sa sagesse, crut devoir confirmer ce choix. Aucune objection, du reste, n'avait été portée ni contre la parfaite intégrité de la foi de M. l'abbé Rey, ni contre la pureté de sa vie morale.

avait des relations assez étendues à Dijon, et dont l'intelligence vive et l'ardeur peu commune pouvait soutenir une cause, ne passa pas inaperçu aux yeux du prélat qui se ménagea son concours. En 1833, c'est-à-dire un an à peine après son installation à Dijon, Mgr Rey pria le curé de Longvic de venir prêcher à la cathédrale, le sermon du 15 août, sur l'Assomption de la sainte Vierge. L'abbé Louvot avait alors 34 ans, et son talent pour la prédication commençait à se faire jour. Fut-il éloquent en présence de son supérieur hiérarchique ? Je le crois, le contraire eut été en désaccord avec ses habitudes.

Tout en donnant la mesure de son talent oratoire, le prédicateur protesta de ses sentiments de respect pour son évèque ; il le devait, mais aussi d'affection et de dévouement, ce à quoi le pontife, qui y était peu accoutumé, se montra très sensible. Le curé de Longvic n'avait point prêché en vain, moins de quinze jours après son sermon, il recevait la lettre suivante : « Je ne crois, Monsieur et estimable Curé desservant, pouvoir mieux reconnaître votre bonne volonté à remplir les intentions de votre évèque, dont vous m'avez donné des témoignages, en vous chargeant du sermon du 15 août, dans ma cathédrale, qu'en vous nommant chanoine honoraire de mon église. Ces heureuses dispositions que j'ai remarquées en vous m'ont fait naître l'idée de vous rapprocher de moi et, il y a toute apparence que sous peu de jours, j'aurai soin de vous le faire connaître d'une manière plus expresse.

« Je désire que la nouvelle dignité que je vous confère vous procure autant de satisfaction que j'en éprouve à vous l'annoncer.

« Recevez, Monsieur et vénérable chanoine desservant, l'assurance de mon estime et de mon affection.

« † Claude, évèque de Dijon ».

Cette lettre qui est datée du 27 août 1833, fut suivie, quatre jours après, d'une autre missive par laquelle Mgr Rey annonçait au jeune chanoine qu'il le nommait premier vicaire de Notre-Dame à Dijon. Contrairement à l'usage pratiqué, dans ces sortes de nominations, et favorisé d'ailleurs par son titre de chanoine, l'abbé Louvot, arrivant à Notre-Dame et y trouvant deux vicaires plus anciens que lui, prenait néanmoins possession du titre et de la stalle de premier vicaire le 12 octobre 1833. La paroisse Notre-Dame avait, à cette époque, pour curé le pieux abbé Forestier (1) et parmi les prêtres qui l'aidaient, dans son ministère, se trouvait l'excellent abbé Rose (1796-1876), qui mourut prêtre retiré, sur la même paroisse, il y a quelques années, après avoir été pendant longtemps curé-doyen de Fontaine-Française.

Quand l'abbé Louvot arriva à Notre-Dame, le curé était malade depuis quelque temps déjà, et à peine six semaines s'étaient-elles écoulées après l'installation du nouveau vicaire que le pasteur mourait le 4 décembre. Ses obsèques eurent lieu à Notre-Dame avec solennité. Mgr Rey vint lui-même pour les présider et donner l'absoute. Avant de voir partir, pour sa dernière demeure, le corps de leur curé, les paroissiens demandèrent et obtinrent que la procession mortuaire fît le tour de l'église.

Le pâté de maisons qui obstrue, moins encore aujourd'hui qu'à cette époque, l'élégant édifice, obligea

1. M. Forestier, curé de Notre-Dame de 1829 à 1833, succédait à M. Jean Vétu (1757-1820), prêtre d'un grand mérite. M. Vétu avait été enfant de chœur à N.-D. avant la Révolution. Vicaire à Saint-Philibert, il fut du nombre des prêtres fidèles qui refusèrent le serment schismatique, et s'exila à Rome, pendant la tourmente révolutionnaire. Rentré en France, après le Concordat, il fut nommé aumônier du lycée de Dijon et enfin curé de Notre-Dame où il mourut amèrement pleuré de tous ses paroissiens et regretté de toute la ville. (Épitaphe de son tombeau).

le cortège à suivre un itinéraire, dont tous les dijonnais se rendent bien compte, et qui le fit passer devant le bureau actuel de la poste aux lettres. C'est
précisément, en cet endroit, que se produisit un inci-
dent que nous ne pouvons passer sous silence parce
qu'il nous prouve à quel degré de surexitation certains esprits, même parmi les laïques, étaient portés
contre l'évèque du diocèse. Un homme, dont, par
prudence nous tairons le nom et la qualité, cria, en
face de Mgr Rey : « Infâme évèque, à bas ! » A la fin
de décembre, le coupable fut condamné à 150 francs
d'amende.

Pendant la vacance de la cure de Notre-Dame, qui
dura sept mois, le nouveau chanoine, en sa qualité
de premier vicaire, fut chargé de l'*intérim* et devint,
comme on disait alors, pro-curé. Il fut toutefois, sinon
dirigé, au moins assisté par un prêtre, ami de Mgr Rey,
M. l'abbé Gilibert, directeur au grand séminaire qui,
souvent, venait officier à Notre-Dame. La nomination
du nouveau curé eut lieu pendant le courant du mois
de juin 1834 et son installation se fit le dimanche 29
du même mois. Laissons l'abbé Louvot, lui-même,
nous rendre compte de la cérémonie, en lisant la
lettre suivante qu'il adressait le lendemain au rédacteur de la *Gazette de Bourgogne*, à Dijon.

« Dimanche 29 juin a eu lieu l'installation de M. le
curé de Notre-Dame de Dijon ; les fidèles ont prouvé,
par leur empressement à venir entendre la voix de
leur nouveau pasteur, que le prêtre, en effet, appar-
tient à toutes les familles.

« C'est M. Riambourg, curé de la cathédrale, qui,
comme archiprêtre, est venu le présenter à son troupeau ; sa voix était connue, trente ans il a exercé, à
Notre-Dame, les humbles et laborieuses fonctions
de vicaire ; on pouvait, sans crainte, ouvrir les portes
du bercail. On regrette seulement que son organe

affaibli, par son grand âge, n'ait point porté à tous, les paroles sorties de son cœur. Nous ferons nous entendre encore après soixante années de ministère? J'ai pu cependant recueillir ce qui suit :

« Envoyé par l'autorité légitime pour installer Monsieur Oudot qui vient remplacer M. Forestier, de pieuse mémoire, je me réjouis de ce que la Providence favorise singulièrement vos vœux en lui donnant un digne successeur. De tous les temps, vous avez eu des prêtres exemplaires ; j'ai connu les Carrelet (1), les Lemoine, les Roy ; ses yeux et non son cœur ont oublié celui dont l'ardente charité, la science profonde, la touchante simplicité, l'aimable bienfaisance ont gagné tant d'âmes et laissé tant de regrets : M. Vétu. Il a terminé en nous donnant la certitude que M. Oudot serait digne de ses devanciers, nous le croyons sur parole ! A son âge on est prophète, M. Riambourg est plus, il est un modèle à imiter.

« Le nouveau pasteur est venu, à son tour, faire part de la douleur qu'il éprouvait en quittant ceux qu'il aimait, et, au milieu desquels il croyait avoir fixé son tabernacle (2). Cependant sa confiance est grande car il succède à un pasteur digne de tout éloge dont il recueillera les heureux fruits. Il a tracé, avec âme, son zèle, sa charité ; il l'a suivi dans l'exil, où nouveau Tobie, il secourait ses frères, au village où il passa faisant le bien, dans cette paroisse où il mourut aimé des siens ! C'était se concilier l'amour des enfants que de venir pleurer avec eux sur la tombe de leur père ! paix à ses cendres, il n'entend plus le bruit de nos divisions !

Ensuite il a parlé de ses espérances ; la médiation

____

1. Membre de l'ancienne famille bourguignonne des Carrelet de Loisy, M. l'abbé Carrelet fut un prêtre distingué du clergé de Dijon au siècle dernier, c'était un prédicateur de mérite dont les sermons ont été publiés.

2. La paroisse de Fontaine-Française.

de Marie, le concours du clergé, l'exemple et le secours de ceux qui ne sont élevés au-dessus des autres que pour édifier et soulager, la prière de tous lui laissent une douce confiance. Il nous a souhaité la paix.

Que Dieu exauce ses vœux ! On ne parlera plus de trois étendards au milieu de nous, l'étendard de ceux qui combattent, l'étendard de ceux qui souffrent, l'étendard de ceux qui triomphent.

Il n'y a qu'une Eglise ici-bas hors laquelle il n'y a point de salut, l'Eglise triomphante ? et de qui triomphe-t-elle ? du malheur de la désunion ? il n'y a qu'un triomphe, celui de la charité ! l'Eglise souffrante ? Ah ! oui bien souffrante, mais peut-être que ceux qui se nomment souffrants, sont ceux qui donnent la question, ceux qui calomnient, ceux qui déchirent ! l'Église militante ? Contre qui combat-elle ? Contre....! Ah ! tournons nos armes ailleurs ; si l'on pleure sur la guerre civile, ne pleurerons-nous pas sur la guerre que nous livrons à la charité. Nous ne sommes, grâce à Dieu, qu'un même corps, n'ayons qu'une âme, n'ayons qu'un cœur, si un membre souffre, tous doivent souffrir, dit l'apôtre. Le pécheur de Corinthe éprouva bientôt l'effet de cette compassion. Il est temps que ceux qui ont mission fassent entendre des paroles de justice et d'amour, ne ravivons plus les haines, surtout dans le sanctuaire. Là reside Celui qui est mort pour tous ! Aimons-nous les uns les autres, c'est le précepte du Seigneur ! »

Cette lettre nous prouve combien profonde était la division des esprits et quelle part active prenait le vicaire de Notre-Dame pour concourir à l'œuvre de l'apaisement. L'entreprise était ardue ; nombre d'ecclésiastiques avaient vu leur carrière compromise par les décisions arbitraires de l'autorité supérieure du diocèse, parmi eux se trouvaient les abbés Poinsel, supérieur du grand séminaire, et Bauzon, directeur,

Foisset (1), le supérieur aimé du petit séminaire et le futur cardinal Morlot, alors vicaire général (2), qui avaient perdu, avec les bonnes grâces de l'évêque, les positions qu'ils devaient à leurs mérites.

Dans une réunion fraternelle d'ecclésiastiques tenue chez le vicaire de Notre-Dame, on avait vivement combattu ces décisions. Il faut croire que l'hôte avait été, malgré son ardente et éloquente parole, à peu près seul de son avis. Le fait suivant nous le prouvera.

Un artiste de Dijon, M. Devillebichot (3), venait de faire hommage au jeune chanoine de son portrait finement tracé au crayon. Dans ce tableau, que nous avons vu pendant tant d'années chez lui, l'abbé Louvot est représenté avec son costume canonial, en rochet et en mozette ; il tient à la main un papier à moitié déroulé, sur lequel on lit ces paroles empruntées au royal prophète et dont l'allusion est facile à saisir : « *Inimici mei oderunt me gratis.* » C'est au bas de ce portrait que le défenseur de l'évêque de Dijon, si violemment attaqué, écrivit, en présence de ses confrères, la fidèle devise d'une noble famille française (4) qui n'est d'ailleurs qu'une réminiscence

1. Sylvestre Foisset, supérieur du petit séminaire, de 1830 à 1833, et de 1839 à 1842, était le frère de Théophile Foisset, magistrat à Dijon, ami et biographe du P. Lacordaire.

2. M. l'abbé Morlot, né dans le diocèse de Langres, en 1795, appartenait au diocèse de Dijon, parceque son pays natal, le département de la Haute-Marne, avait été incorporé au diocèse de Dijon en 1802. Il fut d'abord précepteur dans la famille de Saint-Seine, puis devint vicaire général de Mgr Raillon en 1830, et vicaire capitulaire, au départ de ce dernier prélat. Mgr Rivet le nomma de nouveau vicaire général en 1838. Il fut nommé évêque d'Orléans en 1839, devint cardinal-archevêque de Tours et enfin archevêque de Paris en 1857 ; il est mort en 1863.

3. 1804-1862, il fut, plus tard, directeur de l'Ecole des Beaux-Arts et Conservateur du Musée de Dijon.

4. Les Clermont-Tonnerre.

d'un texte évangélique : « *Etiamsi omnes ego non* ».
Ces paroles y restèrent jusqu'après 1872. Rentré à
Dijon, pour y finir ses jours dans le silence et la
retraite, elles furent effacées, mais pas assez parfai-
tement toutefois, pour en rendre toute trace invisible.

Pendant les années qui suivirent les faits que nous
venons de raconter, le calme et l'apaisement ne se
firent pas ; de douloureux évènements, causés par
la présence de prêtres étrangers au diocèse de Dijon,
vinrent contrister les fidèles. Plusieurs fois, le prélat
avait essayé, sans y réussir, de se concilier les esprits
en changeant ses vicaires généraux. Il tenta cette
mesure, une dernière fois, en 1838, en appelant pour
succéder à MM. Thomassin et Renault, M. l'abbé
Vétu (1) et le jeune abbé de Chalonge, à peine âgé
alors de 28 ans. Tout fut inutile, M. l'abbé Gay, dont
la mort fut si tragique en 1854, à Saint-Denis, près
Paris, secrétaire de Mgr Rey, lui fit comprendre que
le moment de la retraite était venu pour lui et que le
diocèse de Dijon ne retrouverait la paix qu'après son
départ. De violentes polémiques avaient, en effet, été
engagées, en 1836, dans les journaux de Dijon. L'é-
vêque comprit qu'après plus de cinq années de péni-
bles luttes, il fallait y mettre un terme. On venait d'ailleurs de lui offrir une stalle de chanoine-évêque du
chapitre royal de Saint-Denis en même temps que
l'on proposait à l'abbé Gay un canonicat de second
ordre dans la même basilique. Mgr Rey se décida à
donner sa démission d'évêque de Dijon, non sans
avoir adressé au diocèse, le 30 mars 1838, une véritable catilinaire pour justifier son administration et

1. Savant ecclésiastique, mort à Paris en 1871, âgé de 75 ans,
auteur de plusieurs ouvrages estimés, aumônier de l'Infirmerie
Marie-Thérèse, ouverte aux prêtres âgés et malades de la capitale.

faire retomber tous les maux dont le diocèse avait souffert, sur ceux qui l'avaient entravée. C'était son thème favori. Ceci se passait au mois de mai 1838.

Mgr Rey, en quittant Dijon, s'était rendu à Aix, son pays natal ; au mois de juillet l'abbé Louvot lui écrivait, dans cette ville, pour lui faire part des regrets que lui avait causés son départ, et pour l'assurer de ses sentiments de constante et fidèle affection.

J'ai souvent entendu notre abbé rappeler le dicton : *Bourguignon ; bon cœur, mauvaise tête*, qu'il s'appliquait volontiers, non sans quelque vérité, à lui-même. Il est sûr qu'il céda à cette habitude en écrivant à l'ancien évêque de Dijon, car ce dernier lui répondit d'Aix le 12 juillet 1838.

« Mon cher Chanoine,

« Entre bonne tête et mauvais cœur, et mauvaise tête et bon cœur, on ne doit pas balancer. Il faut préférer le cœur à la tête. Avec un bon cœur on peut toujours ramener dans la voie du devoir. Mais je me plais à reconnaître que, chez vous, la tête et le cœur sont excellents et que celui-ci parle toujours le premier. Aussi l'abbé Louvot fera toujours des œuvres dignes de louanges. Ma longue expérience, sous d'habiles maîtres, dans des temps difficiles, m'avait appris à connaître les hommes avant d'arriver à Dijon ; le séjour que j'ai fait, dans vos contrées, a mis à nu bien des infamies et des turpitudes. J'aime à ne pas m'en occuper et je préfère ramener mon esprit aux douces émotions d'un cœur reconnaissant et sensible.

« Recevez, mon digne chanoine et excellent abbé Louvot, la nouvelle et bien sincère assurance de mes sentiments affectueux.

† CLAUDE,
ancien évêque de Dijon ».

La blessure, on le voit, était loin d'être fermée, et l'évêque en souffrait d'autant plus qu'il affirmait plus hautement n'y pas penser.

Un an après le départ de Mgr Rey, l'abbé Louvot faillit quitter Dijon. On venait de donner au collège renommé de Vendôme une nouvelle direction. Le directeur, M. l'abbé Maury, ami de l'abbé Dupanloup récemment nommé vicaire général de Paris (1837), s'était adressé à ce dernier pour le prier de lui indiquer un personnel ecclésiastique et laïque capable de soutenir la bonne renommée de sa maison. Le futur évêque d'Orléans n'hésita pas à recommander à son ami l'ancien professeur du collège Stanislas dont il avait su apprécier le mérite et le talent et dont il avait gardé le meilleur souvenir. En voici la preuve :

« Monsieur l'Abbé,

« Mon honorable ami, l'abbé Dupanloup, sur la demande que je lui fais d'un aumônier pieux et capable, m'engage à m'adresser à vous de sa part. Le collège de Vendôme, que je dirige depuis un an seulement, est sans contredit, sous le rapport matériel un des plus beaux établissements de France, et j'ai la douce confiance que, sous le rapport religieux et moral, il ne tardera pas à recouvrer son ancienne réputation. C'est dans cette vue, Monsieur l'abbé, que je cherche à m'entourer d'hommes recommandables, et le bien que j'ai entendu dire de vous me fait désirer ardemment de vous voir contribuer à une œuvre belle et bonne.

« L'abbé Dupanloup m'a même ajouté que vous ne seriez peut-être pas éloigné de vous charger de la philosophie, que je verrais volontiers, pour ma part, aux mains d'un ecclésiastique.

« Veuillez, Monsieur l'abbé, m'honorer d'une prompte réponse, et agréer, etc.....

Ch. MAURY,
directeur du collège de Vendôme ».

Dans cette lettre adressée à l'abbé Louvot le 30 septembre 1839, on lui offrait avec la résidence et la table du collège 2,500 fr. d'émoluments.

La première chose que dut faire le vicaire de Notre-Dame en recevant cette lettre toute à son avantage, fut d'aller la communiquer à l'évêque de Dijon, sans lequel il ne pouvait prendre aucune décision. Or, on sait qu'à cette date, Mgr Rivet (1796-1884) (1), était à Dijon depuis un an.

Les choses étaient bien changées. En prenant possession de son siège, Mgr Rey s'était alliéné tous les esprits par la véhémence du langage avec lequel il était venu affirmer ses droits et réclamer la soumission ; Mgr Rivet, au contraire, sut, dès le premier jour, gagner tous les cœurs en disant à son nombreux auditoire, avec cet accent sympathique qui le caractérisait : « En arrivant au milieu de vous, je n'avais que des craintes, l'accueil empressé que vous me faites, les change en espérances ».

Ceux qui savent combien Mgr Rivet tenait à son clergé diocésain indigène et avec quelle difficulté il laissait partir de son diocèse les prêtres distingués et méritants, qui sollicitaient de lui cette autorisation, ne seront pas surpris des instances qu'il fit à l'abbé Louvot, pour lui persuader qu'il devait renoncer à se rendre à l'invitation qui lui était faite. Tout honorable qu'elle fût pour lui, elle l'éloignerait, en y répondant, de Dijon, sa patrie, de l'évêque qui avait déjà pu l'apprécier et de ses compatriotes qui l'aimaient et auxquels il faisait du bien. Il excellait tant, le digne prélat, à donner l'eau bénite de cour et à dorer toutes les pilules ! L'abbé Louvot resta.

---

1. François-Victor Rivet, né en 1796, était à trois ans près le contemporain de l'abbé Louvot. Le prélat, après avoir occupé différents postes dans le diocèse de Versailles, dont il était originaire, venait, en 1838, d'être nommé évêque de Dijon, où il mourut en 1884, âgé de 88 ans, après 46 ans d'épiscopat.

Malgré les espérances que le vénérable abbé Riambourg avait fait concevoir pour le ministère du successeur de M. Forestier à Notre-Dame, l'abbé Louvot n'eût pas à se féliciter de M. Oudot. Nous ne voulons pas entrer dans le détail des récits, que, si souvent, faisait le vicaire, avec cette acrimonie, aussi juste parait-il que mordante, des faits et gestes de son curé. Qu'il nous suffise de dire que vers la fin de 1841, M. Oudot, après avoir donné sa démission de curé de Notre-Dame, quitta le diocèse (1).

Pour la seconde fois, notre compatriote se trouvait chargé par *interim*, pendant quatre mois, de l'administration de la paroisse Notre-Dame. Dirons-nous que le premier vicaire qui, par deux fois en huit ans se trouvait investi des fonctions de pro-curé, ne désirait pas voir supprimer la particule gênante? Ce serait téméraire, et ajoutons que son désir pouvait se justifier. L'abbé Louvot avait alors 42 ans, il était chanoine, il avait du talent et avait rendu de réels services à la paroisse, mais Mgr Rey n'était plus évêque de Dijon. Ne disons pas toutefois que le vicaire comptait trop remplacer son curé démissionnaire. Quand un successeur fut donné à ce dernier, il n'en continua pas moins à remplir encore, pendant dix années, ses fonctions de vicaire. Il fut certainement préférable pour lui, quoiqu'il pensât sans doute le contraire, d'être vicaire en décembre 1851, au lieu d'être curé. Nous verrons, qu'à ce moment, l'inamovibilité curiale eût amené un conflit fâcheux entre l'autorité civile et l'autorité religieuse.

Mgr Rivet nomma, à la cure de Notre-Dame, M. l'Abbé de Chalonge (2), qui fut installé le 17 avril

1. M. Oudot, qui avait été curé de Fontaine-Française de 1828 à 1834, est mort à Chalindrey (Haute-Marne), son pays natal.

2. Nicolas-Amédée, né à Beaune en 1810, M. l'abbé de Chalonge, après avoir fait ses études ecclésiastiques à Saint-Sulpice,

1842. La situation, on le comprend, ne laissait pas
que d'être délicate pour le nouveau curé. Il se trouvait le supérieur hiérarchique d'un prêtre d'un mérite incontestable, plus âgé que lui de dix ans, plus
ancien chanoine, et ayant sur lui l'avantage de connaitre sa nouvelle paroisse qu'il évangélisait depuis
huit années et qu'il avait administrée seul, en deux
fois, pendant un an. Mais le curé était un homme de
trop de tact pour ne pas comprendre toutes ces
choses ; il sut éviter tout froissement, non sans y
mettre beaucoup de prudence, et peut-être de
patience. Disons le mot, grâce à des concessions jus-
tifiées, l'abbé Louvot n'était ni considéré, ni traité
comme un vicaire ordinaire ; tout le monde le voyait
et le savait, et l'autorité du curé n'y perdit rien. De
son côté, l'abbé Louvot rendait hommage aux qualités de son curé ; souvent nous lui avons entendu
vanter son désintéressement et, en 1866, à l'occasion
de la mort de Madame de Chalonge, mère de M. le
curé de Notre-Dame, l'aumônier de l'Hôpital de la
charité, à Paris, était ému des sentiments affectueux
que lui avait exprimés son ancien curé, en retour de
la lettre de condoléance qu'il lui avait adressée.

Pendant son vicariat à Notre-Dame, qui dura dix-
sept ans, le prêtre dijonnais, dont l'activité était
grande, ne se contenta pas de se livrer au ministère
paroissial ordinaire, par des confessions, des prédications et des catéchismes ; il était toujours prêt,
quand une bonne œuvre, durable ou passagère,
selon que les circonstances et les besoins du moment
l'exigeaient, était à créer ou à soutenir. Nous allons

devint en 1835, curé de Pernand, où sa famille avait sa résidence, et en 1838, vicaire général de Mgr Rey ; il était curé de
Pommard en 1839 et fut curé de Notre-Dame de 1842 à 1871.
On sait quels regrets eurent ses paroissiens quand, en 1871,
leur curé dut, pour raison de santé, quitter sa paroisse.

citer quelques unes de celles qui reçurent son concours.

On sait qu'en 1833 on fonda, à Paris, la première association de charité placée sous le patronage de Saint-Vincent de Paul ; c'est de cette source primitive que jaillirent toutes les autres associations du même genre, qui, sous le nom de conférence de Saint-Vincent de Paul, ont répandu tant d'aumônes et font tant de bien en France depuis cinquante ans. La conférence de Dijon commença en 1837. M. l'abbé Combalot prêchant une station, avec autant de zèle que d'éloquence, fit appel à douze jeunes étudiants à se former en association pour accomplir des œuvres de charité. Ce fut le noyau de la première conférence dijonnaise. Le missionnaire gravit avec eux, le premier mai, la colline de Fontaine, célébra la sainte messe dans l'église de ce village, et les conduisit dans le sanctuaire, alors profané, de Saint-Bernard, pour les placer sous la protection du grand apôtre de la Bourgogne. ·

Il fallait pour diriger et encourager ces jeunes gens, un prêtre sympatique à la jeunesse, et animé d'un certain entrain. Le vicaire de Notre-Dame se trouvait tout désigné pour remplir ce ministère. A partir de ce moment et jusqu'à son départ de Dijon, il fit entendre aux membres des conférences de Saint-Vincent de Paul, les accents de sa chaude parole, et leur prodigua les conseils de son expérience. Il connaissait la demeure des pauvres ; il pouvait y conduire ceux qui se donnaient la noble mission de soulager leur misère. Il n'ouvrit pas seulement les portes de la demeure de l'indigent à cette charitable jeunesse, il lui ouvrit aussi celle de la prison militaire. On l'avait, en effet, désigné pour remplir, auprès de ces détenus les délicates fonctions d'aumônier à la prison établie dans l'ancien couvent des

Carmélites de Dijon. Il crut l'occasion favorable pour introduire auprès des pauvres soldats prisonniers, de bons jeunes gens qui leur apporteraient, avec des secours en nature, des paroles d'encouragement et de résignation, c'est par là que les conférences naissantes inaugurèrent leur ministère tout de dévouement et de charité. Préoccupé des intérêts spirituels des prisonniers, en même temps qu'il s'efforçait d'améliorer leur sort matériel, l'aumônier s'employa, avant tout, à pourvoir la prison de ce qui était nécessaire pour y assurer l'exercice du culte catholique. Aménager un local, y dresser un autel et réunir les objets indispensables pour le culte divin, fut l'un de ses premiers soins. Dès qu'il eût réalisé son projet, il demanda et obtint de l'autorité diocésaine, les autorisations nécessaires pour bénir sa modeste chapelle et célébrer la sainte messe au milieu des prisonniers.

Il fut puissamment aidé, dans cette œuvre de charité, comme dans beaucoup d'autres, par une sainte âme de Dijon, qui passa en faisant le bien, nous avons nommé Mademoiselle de Saint-Mesmin. C'est auprès d'elle que M. Louvot allait plaider la cause du pauvre et de l'indigent, et jamais il ne sortait de chez elle sans être exaucé. Elle donnait, donnait encore sans jamais se lasser. L'autorité militaire avait d'abord affecté de très modestes émoluments au service de l'aumônier; il fallait, paraît-il, pour y avoir droit, que l'effectif des prisonniers atteignit un chiffre déterminé. Quand l'envoi des soldats condamnés à des peines un peu longues fut fait à la prison militaire de Besançon, le traitement de l'aumônier fut supprimé. On prévint ce dernier que la mesure était d'ordre général et n'avait pas pour but d'atteindre personnellement l'aumônier militaire de Dijon, au zèle et au dévouement duquel on se plaisait à rendre justice (1). Il n'en continua donc pas moins son service et, comme il consacrait la plus grande partie de son allocation au soulagement de ses prisonniers, Mademoiselle de Saint-Mesmin se chargea de réparer, par ses aumônes, le funeste effet que devait causer aux pauvres détenus, la mesure que l'on avait prise.

Une sympathie religieuse s'établit entre le prêtre et la grande chrétienne ; ils avaient l'un pour l'autre un profond respect et une sainte affection. Lorsque le vicaire de Notre-Dame eut quitté Dijon, il garda pour cette belle âme la plus sainte vénération, et il me souvient de lui avoir entendu exprimer le désir de revenir finir ses jours dans sa ville natale, pour avoir la consolation d'aller prier sur la tombe de sa mère et sur celle de Mademoiselle de Saint-Mesmin. Aussi, quand celle-ci vint à mourir, un peu avant 1860, le cardinal Morlot, qui l'avait connue à Dijon, où il avait apprécié ses vertus, et qui venait d'être appelé à l'archevêché de Paris, connaissant les relations, toutes de piété et de charité qui avaient existé entre cette noble personne et notre compatriote, alors aumônier de l'Hôpital de la Charité à Paris, lui écrivit-il la lettre suivante : « Cher Monsieur l'abbé ; j'apprends la mort de l'excellente Mademoiselle de Saint-Mesmin. Peut-être en avez-vous déjà connaissance, mais j'ai voulu vous dire la part que je prends à cette perte, et combien je comprends vos regrets. Au premier jour je dirai la Sainte-Messe pour elle, quoique je sois plus porté à l'invoquer qu'à la prier pour son bonheur. Croyez à mes dévoués sentiments.

† FRANÇOIS-NICOLAS,
Cardinal-archevêque de Paris.

1. Lettre du ministre de la guerre.

Nous trouvons, dans une lettre insérée dans le journal le *Bien Public* de Dijon, en date du 5 octobre 1869, les états de service de l'abbé Louvot, en qualité d'aumônier militaire à Dijon. A partir de 1833, époque de sa nomination, l'aumônier dit la messe tous les dimanches, à la prison militaire, y fait l'instruction et y chante les vêpres aux jours des grandes solennités et de la communion pascale.

En 1845 (1), la prison militaire est installée dans les bâtiments de l'ancien couvent des Carmélites. De concert avec M. le commandant Perruchot, l'aumônier fait préparer une chapelle où sont transportés l'ancien autel et les ornements nécessaires au service divin. La bénédiction de cette chapelle est faite par lui, en présence des chefs de l'état-major, du général Merlin, de nombreux bienfaiteurs et bienfaitrices de son œuvre et des prisonniers. Elle est suivie d'une messe solennelle pour laquelle plusieurs artistes de Dijon donnent leur concours. A cette occasion, M. le Ministre de la guerre de Saint-Yon, dans une lettre du 30 juillet 1845, félicite l'aumônier militaire de n'avoir pas hésité, dans l'intérêt de la moralisation des détenus, de contribuer aux frais de l'établissement d'une chapelle et d'un atelier de travail.

En 1848, par mesure de sûreté, le plus grand nombre des détenus est dirigé sur Besançon, mais en 1851, le 12 novembre, Mgr Rivet fait de nouveau appel au zèle de l'abbé Louvot et le prie de s'entendre avec M. le général Gragnon et M. le colonel comte Clonard pour donner ses soins aux détenus réinstallés dans la prison de l'ancien couvent des Carmélites. L'évêque de Dijon profite de cette circonstance pour rendre justice à l'abbé Louvot en

1. Avant cette époque, la prison militaire de Dijon était dans la rue Jeannin, et occupait une partie des bâtiments de l'hôtel actuel des Archives.

constatant qu'il a dignement exercé sa mission d'aumônier de la prison militaire pendant plus de 15 ans.

Aux œuvres de la société de Saint-Vincent de Paul et de la prison militaire, venaient s'en ajouter de moins importantes, sans doute, mais qui avaient aussi leur utilité.

On se souvient qu'après la révolution de 1830 les processions de la Fête-Dieu, si populaires à Dijon, avaient été supprimées (1). Elles ne furent remises en usage qu'en 1842, grâce à l'initiative de fervents catholiques, qui intervinrent auprès de l'autorité civile pour lui assurer que loin de vouloir troubler, par son manque de respect, ces manifestations religieuses, la population dijonnaise, les réclamait vivement. Le premier vicaire de Notre-Dame fut un de ceux qui s'employèrent le plus activement pour obtenir le rétablissement des processions. Ses démarches et ses instances furent couronnées de succès et de nouveau on put voir les rues de Dijon revêtir les parures gracieuses destinées à honorer le pacifique triomphe du Dieu de l'Eucharistie (2). Cette année-là,

1. Interrompues à partir de 1830, ces processions, à l'exception toutefois de celle du 15 Août, furent faites de nouveau, de 1842 à 1848. Après une nouvelle interruption de quelques années, elles eurent lieu avec honneur, sous le second empire et même sous la troisième République jusqu'à leur interdiction en 1879. On se souvient des magnifiques décorations de nos rues et notamment de celles des rues du Bourg, Condé, Muzette, Verrerie et Saint-Nicolas qui se faisaient remarquer entre toutes les autres, par leur zèle empressé.

2. Rétablies après la grande révolution, les processions eurent, à Dijon, un éclat tout particulier sous la Restauration. Pendant cette période on ne se contentait pas de faire les processions de la Fête-Dieu et des Rogations ; on faisait une grande procession générale, le 15 août, en mémoire du vœu de Louis XIII, à laquelle assistaient les autorités religieuses, civiles et militaires. Cet imposant cortège, dont la marche était fermée par l'évêque de Dijon, parcourait les rues de la ville, et se rendait aux églises Notre-Dame et Saint-Michel, comme pour la procession générale de la Fête-Dieu.

l'abbé Louvot dirigea lui-même la construction d'un reposoir monumental au milieu de la place des Ducs de Bourgogne, sur laquelle n'existait pas le gracieux jardin qu'on y voit aujourd'hui, et qui fit l'admiration de toute la ville.

Ce n'était pas seulement dans les circonstances heureuses qu'on rencontrait notre abbé, il savait aussi se montrer à l'heure du danger. Dans la nuit du 7 au 8 février 1844, un violent incendie éclatait soudain dans la rue du Bourg, à Dijon (1) ; le péril pour les voisins, était d'autant plus grand que cette rue, comme on le sait, renferme un grand nombre de magasins remplis de matières inflammables. Le vicaire de Notre-Dame qui avait, à cette époque, son logement tout près de cette rue (2), fut des premiers sur le théâtre du sinistre ; il organisa les secours, stimula par son exemple, tous les dévouements et fit, à plusieurs reprises, acte de sang-froid et de courage. Le 22 février, Monsieur le ministre de l'Intérieur, auquel un rapport avait été adressé sur le terrible accident, et les actes de bravoure qui s'y étaient accomplis, écrivait à M. le Préfet de la Côte-d'Or pour le prier de transmettre à M. l'abbé Louvot, par l'intermédiaire de M. Dumay, maire de Dijon, l'expression de ses plus sincères félicitations et de sa haute satisfaction, pour la belle et courageuse conduite dont il avait fait preuve en cette occasion. Vous avez fait, lui disait le maire, une application du précepte de la charité, qui n'a pas été moins utile, par l'excellent exemple qu'elle a produit.

Nous ne passerons pas sous silence, quelques autres bienfaits de la vie de notre compatriote qui, pour être moins éclatants, n'en ont pas moins un

1. Dans la maison du vannier Uhler, n°ˢ 14 et 16.
2. Rue Porte-aux-Lions.

mérite réel, puisqu'ils ont pour objet le bien des âmes, la revendication de la dignité du pauvre et le soulagement de sa misère.

En évoquant leurs souvenirs, les vieux dijonnais doivent se rappeler, qu'avant 1848, ainsi que cela se pratique d'ailleurs encore aujourd'hui, on avait la louable coutume de donner des vêtements neufs aux enfants pauvres, à l'occasion de leur première communion. Seulement les choses ne se passaient point, comme à présent, au moins pour ce qui regarde les jeunes filles. Sous le prétexte, bon en soi, de donner à ces enfants, des vêtements que l'on peut porter après ce grand jour, au lieu de leur donner des vêtements blancs, comme ceux de leurs compagnes, on leur donnait des vêtements ordinaires. Il en résultait, on le conçoit, pour beaucoup, une fâcheuse impression. La vue de ces enfants qui portaient, si ostensiblement, les livrées de la pauvreté jusqu'à la table où tous sont conviés à recevoir le même Dieu, présentait un pénible contraste. Le vicaire de Notre-Dame voulut le faire cesser. Il proposa aux dames de charité de donner à ces enfants deux vêtements, l'un blanc pour la première communion et l'autre ordinaire, comme celui qu'elles recevaient par le passé, mais il insista, dans le cas où un seul vêtement leur serait donné, pour qu'il fût blanc. Cette motion ne fut pas, tout d'abord, accueillie favorablement ; mais le vicaire plaida si éloquemment la cause de ses protégées qu'il la gagna. Ne craignez-vous pas, dit-il aux dames de charité, pour dernier argument, d'être punies de votre refus, en voyant, dans quelques années, vos fils plus généreux que vous pour ces enfants, que vous aurez humiliées, au plus beau jour de leur vie? J'adoucis les termes de cette boutade qui nous peint au vif, le caractère de notre abbé. Elle lui donna gain de cause ; à dater de cette époque il n'y eut pas plus, extérieurement, de différence dans le cortège de ces jeunes filles, qu'il n'y en eût jamais dans le cœur de celui qui les convie à son mystique banquet.

On le voit, l'abbé Louvot aimait à plaider la cause des pauvres et des petits; il se souvenait, sans en rougir, de son humble origine, et son bonheur était de s'intéresser à la pauvreté honnête. Ce zèle nous donne le secret des aumônes abondantes qu'il pouvait distribuer aux pauvres et qui avaient leur source dans les largesses qu'il savait obtenir des heureux du siècle. Il y a une pauvreté sur laquelle son cœur savait aussi s'apitoyer, c'est la pauvreté de l'âme qui se trouve même, il disait surtout, dans la demeure des opulents de la terre. Les pécheurs sont bien pauvres devant Dieu; pour les secourir le prêtre accourt et ouvre les trésors de l'infinie richesse. Mais, pour cela, il faut que le prêtre, surtout au dernier moment, soit accueilli. Il est notoire à Dijon, et il en sera de même plus tard à Paris, que souvent l'abbé Louvot, grâce à son caractère ouvert, à ses manières pleines de franchises et d'entrain, pénétrait facilement, auprès d'un malade, quand d'autres avaient échoué; je n'en citerai qu'un seul exemple. J'ai sous les yeux une lettre qu'on lui écrivait de Dijon, alors que, déjà, il habitait Paris et dans laquelle on lui disait : « Mon oncle est au plus mal, il n'a pas voulu recevoir Monsieur le Curé, et ne veut entendre parler que de vous ; auriez-vous la charité de faire le voyage de Dijon pour venir l'assister. » L'abbé Louvot vint, et le pécheur fut réconcilié avec son Dieu, avant de mourir; nous pourrions citer quantité de traits de ce genre.

C'est au milieu de ce ministère actif et fécond que les évènements politiques vinrent agiter la vie du vicaire de Notre-Dame.

La révolution de 1848, qui ne fut, à vrai dire, qu'une surprise, avait été précédée d'une histoire parlementaire qui explique mieux que tout autre chose ce dénouement imprévu. Louis-Philippe, ce roi si résolu, quand il alla chercher sa couronne à l'Hôtel de Ville, avait eu pourtant, dès son avènement, besoin de la forte volonté de Casimir Périer, pour en finir avec la situation révolutionnaire, que la faiblesse de ses plus chers conseillers ne pouvait laisser durer sans danger pour l'ordre public. Le roi voulait l'ordre avant tout, mais sans préjudice de sa popularité, s'il était possible. Entre Laffitte et Casimir Périer, il lui en coûta de se décider. Ce dernier une fois ministre, il lui laissa tout pouvoir pour faire son œuvre, et c'est grâce à l'énergie de ce serviteur dévoué, qui succomba à la peine, en combattant l'anarchie à outrance et en conquérant la majorité parlementaire, à force de courage, de bon sens politique et de dévouement au pays, que le trône de juillet ne fut pas renversé plus tôt. Casimir Périer mort, et le ministère du 11 octobre mis en minorité, après la plus brillante période du gouvernement parlementaire, le péril de la monarchie de juillet ne fut plus dans la rue, mais dans le Parlement. Les intrigues et les coalitions y préparèrent la révolution qui, tôt ou tard, devait l'emporter c'est le parlementarisme qui la perdit; on peut dire qu'elle est tombée du côté où elle avait penché. Nul livre ne l'a mieux expliqué que l'*Histoire de la monarchie de juillet*, par un des premiers historiens de nos jours.

L'interdiction du banquet patriotique ou *reformiste* de Paris, fut donc l'occasion et non la cause de la révolution de Février. Toujours préoccupé de comprimer l'élan révolutionnaire, que son avènement avait réveillé, Louis-Philippe se refusait systhématiquement à toute réforme dans le sens démocratique.

Ses adversaires s'entendirent pour demander une large extension du droit électoral. Le roi signala ces tendances, dans le discours du trône, en termes assez vifs, où tous les opposants étaient confondus. L'opposition organisa, dans toute la France, un appel à l'opinion publique, en faisant des banquets dits patriotiques ou réformistes. Dijon eut le sien, qui fut présidé par le futur député de Paris : Ledru-Rollin. Les vieux dijonnais se souviennent encore aujourd'hui, d'avoir vu en 1847, cette longue file d'hommes qui parcourait les rues de la ville en se rendant au lieu de la réunion, dans le faubourg Saint-Nicolas. La révolution était dans l'air : c'était comme un incendie qu'une étincelle allait allumer. Paris devait avoir son banquet dans le douzième arrondissement. Le gouvernement l'interdit, mais les chefs du mouvement persistèrent dans leur projet. Il y eut alors beaucoup de rassemblement dans les rues, et, de la part de l'autorité, un grand déploiement de forces militaires. Le 22 février 1848, des masses de peuple et de jeunes gens parcouraient la ville aux cris de : *Vive la réforme* (électorale); quelques charges de cavalerie les dissipèrent. Le 23, l'émeute recommença, et, le 24, elle prit une extrême gravité. Les troupes sans ordre et sans direction, tentèrent faiblement d'arrêter les insurgés; elles furent démoralisées lorsqu'elles virent une partie de la garde nationale s'interposer pour protéger l'émeute. Alors les barricades se multiplièrent, les portes qui protégeaient les abords des Tuileries furent attaquées; on donna au roi le conseil d'abdiquer, afin de calmer le peuple. Il abdiqua en faveur de son petit fils le comte de Paris, puis quitta précipitamment les Tuileries, qu'il abandonna à la révolution victorieuse. Aussitôt après le départ du roi, la duchesse d'Orléans se rendit avec ses deux fils à la Chambre des députés, où l'opposition dynastique voulait la faire déclarer régente. Mais déjà le peuple avait envahi l'Assemblée, et la princesse ne peut qu'entendre prononcer la déchéance des Bourbons et la constitution d'un gouvernement provisoire dictatorial, composé de six membres, accepté par le peuple qui remplissait la salle et les tribunes. Une fois de plus, et ce ne sera pas la dernière, le peuple de Paris faisait la loi à la France entière. Le lendemain, la République fut proclamée. On établit le suffrage universel qui, bientôt, devait être appelé à élire une assemblée constituante.

Dans toute la France, c'était, dans tous les rangs de ceux qui avaient formé l'opposition, un engouement général pour la République.

Le gouvernement provisoire était composé de MM. Arago, Ledru-Rollin, Garnier-Pagès, Lamartine, Marie et Louis Blanc. Les élections pour l'Assemblée constituante devaient avoir lieu les 23 et 24 avril.

On l'a remarqué avec justesse, si la révolution de février fut faite contre la monarchie de juillet, elle ne fut pas dirigée contre la religion. On a souvent donné comme preuve de cette assertion, le fait de ces insurgés qui, ayant trouvé dans le pillage des Tuileries un crucifix, le portèrent en triomphe à l'église Saint-Roch. Cet épisode de la révolution inspira à Lacordaire, dans la chaire de Notre-Dame, peu de temps après l'évènement, un de ses plus beaux mouvements oratoires. Parlant sur l'existence de Dieu, il interpella son auditoire pour lui dire, sinon dans les termes suivants, au moins en substance : « Si vous osiez nier cette existence, les portes de ce temple s'ouvriraient d'elles-mêmes et vous verriez le peuple superbe en sa fureur, affirmer sa croyance en Dieu, en portant triomphalement l'image divine sur les autels. »

Il y eut encore d'autres preuves plus évidentes de

ce manque d'hostilité religieuse en 1848. Ce furent les nominations de députés, non seulement catholiques, mais prêtres et évêques, que l'on envoya siéger sur les bancs de l'Assemblée constituante. On avait formé un comité catholique républicain, dans la plupart des départements, pour préparer l'élection d'un candidat catholique, souvent membre du clergé, à la députation.

A Dijon, il y en eut deux : l'abbé Lacordaire et l'abbé Louvot. A ceux qui seraient tentés de reprocher à ce dernier sa candidature à la députation, il me serait facile de répondre, les faits suivants le prouveront assez, que cette candidature lui fut comme imposée. Il y aurait eu manque de courage de sa part, pour ne rien dire de plus, à refuser. Tout semblait, en effet, le désigner pour remplir ce rôle aussi honorable que périlleux : Son âge, son caractère, son talent oratoire, ses allures de tribun, non moins que sa foi vive et son dévouement connu aux intérêts du peuple. Aussi bien, ce n'est point à moi à plaider sa cause, nous allons laisser parler les faits.

Le 16 Mars 1848, on écrivait de Paris à l'abbé Louvot : « Citoyen abbé, le Club de l'union républicaine composé d'étudiants catholiques, veut, en dépit de l'inique circulaire de Ledru-Rollin, que toutes les opinions soit représentées à l'Assemblée nationale. Le clergé est dépositaire des éternels principes de *liberté*, d'*égalité* et de *fraternité*, que la révolution de 1848 a proclamés. A ce titre donc, il doit envoyer au congrès du pays quelques uns de ses membres les plus éminents, au moins un par département. Telle est l'idée qui a prévalu dans plusieurs Clubs de Paris. Quand nous en sommes venus aux noms propres, vous avez été nommément désigné par plusieurs étudiants de la Côte-d'Or, et c'est,

en leur nom et au nôtre, que nous venons vous prier
d'annoncer publiquement votre candidature, qui sera
appuyée, nous vous le promettons, par nos familles
et nos amis, à qui nous en écrivons, indépendamment
du concours puissant qu'elle trouvera dans le clergé
et dans les libéraux sincères de Dijon et du département. Salut et fraternité. — Délibéré au Club de
l'Union républicaine, séance tenante. Le président,
Ernest Pinard ; le secrétaire, Gréault. » Une partie
du clergé diocésain, de son côté, lui faisait les mêmes
propositions et les mêmes instances ; le lendemain
de la réception de la lettre de Paris, lui en arrivait
une d'Auxonne. Le vénérable abbé Gouvenot, curé
d'Auxonne, plus tard chevalier de la Légion d'honneur, lui écrivait de la part des ecclésiastiques des
canton de la plaine : « Les ecclésiastiques de ces
cantons et les personnes qui partagent nos opinions
politiques m'ont chargé de vous demander si vous
accepteriez le mandat de représentant à l'Assemblée
constituante... Si ça vous va, ici, nous sommes déci-
dés à voter pour vous et à appuyer votre élection...
Faites-nous connaître vos intentions ».

Mêmes offres lui étaient faites le surlendemain,
19 mars, de la part du légendaire abbé Thoulouse,
curé de Lucenay (1). « En cherchant à qui je pourrais
donner ma voix, ma pensée s'est arrêtée sur vous,
et je viens sans autre préambule vous engager, vous

1. Pierre Thoulouse, né à Choiseul (Haute-Marne), en 1795,
fut soldat sous le premier empire, et reçut de Napoléon III la
médaille de Sainte-Hélène, qu'il portait fièrement sur sa soutane. Il fut curé de Lucenay pendant plus de soixante ans ; on
se souvient des discours pleins d'originalité qu'il faisait aux
rares survivants de la grande armée, à l'occasion des services
funèbres célébrés à Beaune, pour le repos de l'âme de Napoléon Ier, le 5 mai, pendant plusieurs années. Voir Chronique
religieuse de Dijon, 11 juin 1870. M. Thoulouse est mort en 1882,
âgé de 87 ans.

prier de vous mettre sur les rangs pour la députation. Vous avez tout ce qu'il faut, selon moi, pour être un digne représentant de notre département et de notre diocèse à l'Assemblée nationale : une facilité d'élocution toujours capable de répondre, du jugement, un âge mûr, de l'expérience, des connaissances en tout, aimant vos devoirs et la religion. Voilà bien l'homme qu'il me faut pour être mon interprète.... Vous pouvez avoir presque toutes les voix des jeunes gens de Dijon, vous pouvez en avoir un grand nombre des ouvriers à qui vous avez fait si souvent tant de bien... Les voix de tous vos confrères du diocèse vous seront acquises, et ensuite combien ne vous en gagneront-ils pas dans leurs paroisses ?... Le temps des rois est passé, surtout en France, et, comme rien n'est plus digne de l'homme qu'une vraie république, il faut, puisque vous en avez les moyens, que vous aidiez à l'établir. Il y aura des combats, mais vous n'êtes pas homme à broncher et à reculer, quand il s'agira de manier l'épée de la parole, pour faire entendre une vérité nécessaire... »

Le 20 Mars, on lui écrit du canton de Saint-Seine : « Quelques prêtres de mon voisinage et plusieurs laïques se disposent à vous donner leurs voix, pour vous envoyer comme député à l'Assemblée nationale; mais ils désirent savoir si vous acceptez la candidature qu'ils ont l'honneur de vous offrir. »

Le même jour, un prêtre d'un jugement très sûr et de grande vertu, lui écrit de Flavigny : « Si vous vous présentez à la députation, vous pouvez compter sur mon vote et mon influence dans toutes les occasions où il me sera possible d'appuyer votre candidature, que Dieu veuille faire apprécier par d'autres, comme je les apprécie moi-même, la droiture de votre cœur et la fermeté de votre caractère. » Un autre lui dit : S'il est vrai que vous vous mettiez sur

les rangs pour la députation, faites en part à tous
vos amis et à vos confrères. Tous vous donneront
leurs suffrages. Nous serons heureux si vous pouvez
réussir, car nous compterons un bon représentant à
l'Assemblée nationale. Hâtez-vous de nous envoyer
votre circulaire. Ce n'est qu'après avoir reçu de pa-
reilles sollicitations et pris l'avis de ses amis de Dijon,
que l'abbé Louvot se décida à rédiger la profession
de foi qu'on va lire :

« L'abbé Louvot à tous ses concitoyens.

Pressé par plusieurs de mes compatriotes, par quelques cantons de notre département et l'un des grands
Clubs républicains de Paris, de proclamer ma candidature pour l'Assemblée nationale, je viens franchement demander vos suffrages. Je m'estimerai heureux,
par votre concours, d'y faire triompher les impérissables principes de *liberté*, d'*égalité*, de *fraternité*
qui sortent des entrailles du christianisme, comme
le fleuve de sa source.

Mes titres ?

Il sont dans mon amour pour mon pays, dans mon
dévouement à tous mes frères, à tous leurs intérêts,
sans exception ni acception de personne, dans l'intelligence que j'ai de la véritable démocratie, qui est
le gouvernement de tous par tous, dans le sens qu'il
n'y a exclusion ni en haut, ni au milieu, ni en bas,
qu'il n'y a plus parmi nous, que des citoyens placés
sous l'action de la sauvegarde de la loi, expression,
cette fois, de la souveraineté nationale.

Mes titres ? Ils sont dans mes sympathies pour vous,
travailleurs, hommes de peine, dont je sais apprécier
les sacrifices, dont je connais les angoisses, les ayant
toutes ressenties par l'affection que je vous porte,

par une vie consacrée à apprécier vos besoins, à étudier les moyens d'y apporter adoucissement et remède.

Votre cause, je saurai donc la plaider comme elle doit être plaidée dans une assemblée d'hommes libres et plus généreux encore par instinct que par devoir. Pour améliorer *régulièrement* votre sort, éloigner de vos familles la misère, la banqueroute, le chômage et les maux qui en sont le cortège, pour amener une fusion complète de tous les intérêts des capitalistes et des travailleurs, de ceux qui possèdent et des déshérités, ma voix ne manquera jamais à mon cœur, ni mon cœur à ma voix.

Mes titres ? Ils sont enfin dans l'énergie d'une volonté qui ne reculera devant aucun obstacle, ne vacillera devant aucune tempête, défendra avec un même zèle *tous les intérêts;* ceux des riches et des pauvres, *toutes les libertés*, politique, civile, religieuse, *toutes les personnes;* car, qui touche à un citoyen, touche aux droits de la nation elle-même ! d'une volonté, en un mot, qui s'élèvera toujours contre le despotisme, quelque soit son drapeau, la séduction de sa devise, le nom qu'il porte sur son front.

Loin de moi que le républicanisme soit ce radicalisme étroit, exclusif dont le niveau, si nous venions à le subir, nous aplatirait comme des esclaves sous l'arbitraire d'un Pacha. Honte à celui qui fléchirait sous la volonté d'un homme. Celui-là n'est pas digne de la liberté !

Le niveau de la République, il ne doit pas plus peser sur le front de l'homme que la voûte des cieux n'y pèse. Sous ce niveau notre poitrine se dilate à l'aise et, eussions-nous la taille des géants, il y a encore de l'espace sur nos têtes.

Le républicain qui n'est que radical, il peut épouvanter les faibles et les lâches en brandissant la lance de Spartacus ou le glaive de Marius; le républicain démocrate, lui, il déploie dans les airs, aux acclamations de tous, le drapeau des Washington, des Louis Blanc, des Lamartine; on y lit : Union et Fraternité !

Ce drapeau, c'est le mien ! l'acceptez-vous ? ma profession de foi vous va-t-elle ?

Vos principes sont les nôtres, répondront quelques uns, mais vous êtes prêtre.

Oui, je suis prêtre, et c'est là le grand honneur de ma vie, mon unique gloire. C'est là, la plus sérieuse garantie que je puisse vous offrir.

C'est parce que je suis prêtre que je ne veux pas d'autre place, sous le soleil, que celle que j'y occupe, c'est parce que je suis prêtre, que ma vie est toute à mes frères, à ma patrie, c'est parce que je sais ce que doit être un prêtre dans toute l'acception du terme, que je suis et que j'ai toujours été démocrate : la démocratie, c'est la politique de l'évangile ! C'est parce que je suis prêtre que je n'ai d'autre ambition, sur la terre, que de voir se réaliser le règne de la liberté, de l'égalité et de la fraternité.

Je suis prêtre ! Mais n'est-ce donc pas le Christ dont je suis le prêtre qui a planté, sur le calvaire, l'arbre de la liberté, et écrit sur cet arbre, avec son sang les véritables droits de l'homme ? Ne sont-ce pas les apôtres du Christ qui ont fait retentir dans le monde entier, un cri de liberté, d'affranchissement ? N'est-ce pas leur successeur, le grand Pie IX qui, du haut du Vatican, vient de donner le réveil des peuples pour la liberté ! Oh ! je l'avoue, quand il bénira la France et son Assemblée nationale, j'aimerais à recevoir, dans son sein, ma part de cette bénédiction de liberté et de force, puis vous prouver qu'un prêtre sait se dévouer pour tous.

D'ailleurs quelque soit le jugement que l'on puisse porter sur mes principes et une démarche dont me font un devoir et la gravité des circonstances et la sollicitude de plusieurs, j'offre à tous *salut* et *fraternité*.

L'Abbé Louvot,

Dijon, le 20 mars 1848.

Comment cette profession de foi fut-elle accueillie ? Nous verrons plus tard l'effet qu'elle produisit à Dijon, avec les autres circulaires du candidat, pour le moment, contentons-nous de constater l'impression qu'elle fit sur une partie du clergé et certains laïques, en donnant encore quelques extraits de la volumineuse correspondance, de notre compatriote à cette époque. Ces citations aidront à nous faire connaitre la tendance des esprits, pendant cette période troublée de notre histoire.

« Je suis, lui écrit un de ses confrères, membre du comité établi à Pouilly-sur-Vingeanne, votre profession de foi, que j'attendais, a été fortement goûtée d'un grand nombre. Envoyez-moi des exemplaires. »

« J'ai lu, lui dit un autre, votre profession de foi avec une vive satisfaction. Vos sentiments qui m'étaient déjà connus, vous obtiendront, à n'en pas douter, un grand nombre de suffrages, mais pour qu'ils soient plus nombreux, je viens vous prier de vouloir bien adresser un exemplaire à tous les ecclésiastiques du diocèse. Pour mon compte, si elle m'arrive avant dimanche, je suis décidé à la lire en chaire, etc. »

« J'ai reçu hier, lui écrit un doyen, votre profession de foi, c'est de tout mon cœur que je vous donnerai ma voix, et je ferai tout mon possible pour vous en procurer d'autres. Courage ! Que la Providence vous protège et vous fasse arriver à ce poste pour le bien de notre patrie ».

Un curé lui écrit de Lux le 9 avril :

Mon cher ami,

« Il est souverainement à regretter que le Comité catholique n'ait pas proclamé votre candidature, il faut laisser aux parisiens le soin de nommer l'abbé Lacordaire (1). Je viens de lire avec plaisir la circulaire de l'abbé de Chalonge (2). Vive la République ! mais la bonne. Salut et fraternité ».

« Je suis heureux et fier, lui fait savoir un prêtre du canton d'Arnay-le-Duc, de vous apprendre que vous êtes porté à l'assemblée nationale par les 350 bulletins qui sortiront de ma paroisse, dimanche ou lundi. Je ne doute pas du succès de votre candidature, je m'en félicite et m'en réjouis sincèrement ».

Quels étaient les sentiments de certains laïques à l'égard de la profession de foi que nous avons citée, et que pensaient-ils de la candidature d'un prêtre à l'Assemblée constituante ?

Nous trouverons la réponse à ces questions dans d'autres extraits de la même correspondance.

1. Le Comité catholique de la Côte-d'Or, avait présenté parmi ses candidats l'abbé Lacordaire; l'abbé Louvot était non le candidat officiel du Clergé, mais celui du peuple.

2. Cette circulaire, qu'on lira plus loin, avait, pour but, de détruire un mal-entendu qui s'était produit à l'occasion du nom de Louis Blanc, cité dans la profession de foi de l'abbé Louvot.

Un officier du 67e de ligne, en congé à Auxonne écrit le 22 mars :

« Plusieurs personnes ayant formé le vœu de vous voir au nombre des candidats de la Côte-d'Or, je me disposais à vous écrire. Votre profession de foi vient de m'être communiquée; elle est telle que nous l'aurions désirée. Nous sommes heureux d'avoir été devancés et nous vous remercions de votre dévouement. Il me reste une autre mission, celle d'éclairer mes nombreux camarades, sous-officiers et soldats, au 67e de ligne, sur le choix des candidats qui leur seront présentés. Veuillez, Monsieur, venir à mon aide, en m'indiquant les noms de ceux qui, par leurs vertus sont dignes des suffrages de leurs concitoyens, sincèrement dévoués à la République et à la vérité de notre devise : Fraternité. »

À cette lettre d'un membre de l'armée succède celle d'un négociant :

« Je reçois à l'instant votre belle profession de foi. Je désire la répandre dans ma commune ; s'il ne dépendait que de moi, vous l'emporteriez sur tous. »

Une longue lettre du 26 mars nous donne l'impression très favorable produite par la lecture de la profession de foi dans le club de St-Seine-en-Montagne.

« ... Nous avons eu à Saint-Seine une réunion populaire de beaucoup d'électeurs de presque toutes les communes du canton. Je me suis fait un devoir d'annoncer votre candidature et de l'appuyer, en donnant lecture de votre profession de foi politique. J'ai été écouté, avec une religieuse attention... Je regarde votre candidature comme sérieuse... adressez des circulaires à tous les électeurs du département. — Nous serions enchantés de vous voir réussir, etc... »

On écrit d'un château du Prieur à Pontailler le 27 mars : « J'ai lu votre circulaire, elle est digne de vous et de notre patrie... Ma voix et celle de mes amis vous sont acquises. Où trouverait-on plus que chez vous, amour de tous les enfants du Christ; plus de désintéressement? »

De Dijon même, où les félicitations et les encouragements lui étaient plutôt adressés verbalement, on lui écrit : « Les principes émis dans votre circulaire sont dignes de leur auteur. La séance que vous nous promettez pour demain (19 avril), est attendue avec impatience. Nous aimons tous à croire que vous ferez tous vos efforts pour paraitre, dans la seconde, le jour de votre choix et avant dimanche, époque de la grande réunion. Tout honnête homme, imbu de vos principes, n'a qu'un seul but, celui de vous appuyer de toutes ses forces, pour vous placer à notre tète... »

C'était surtout à Dijon que notre candidat était connu. C'est dans cette ville, ou aux environs, qu'il avait passé près de cinquante ans de sa vie. Sa réputation s'était bien étendue dans le département, mais plutôt parmi le clergé que parmi les laïques. On a vu, par les extraits de correspondance, cités plus haut, que l'on réclamait l'envoi de la profession de foi dans les cantons de la Côte-d'Or pour faire connaitre son auteur. Attaché aux devoirs de son ministère, il ne pouvait pas, comme d'autres candidats, parcourir la circonscription électorale, et il dut restreindre ses moyens d'action à la seule ville de Dijon. Cela, nous le verront, nuisit à son élection. Les deux nouvelles circulaires qu'il adressa aux électeurs, ne dépassèrent pas les limites de la ville, et, malheureusement, il fallut compter avec les électeurs de tout le département.

Voici la seconde circulaire adressée le 24 mars 1848 aux ouvriers et aux petits commerçants :

« Citoyens,

La révolution qui vient de s'accomplir a emporté non-seulement la Royauté avec ses espérances, mais encore toutes les constitutions anciennes avec les coutumes, les lois, l'organisation politique et sociale. Un monde nouveau a surgi, où les lois d'une action universelle, équitable, doivent amener l'association de tous les intérêts, la fusion de tous les cœurs.

Pour vous, Travailleurs, cette révolution doit surtout avoir d'immenses résultats, dont la portée ne saurait être équivoque, puisque c'est à la justice, à l'équité que vous demandez l'amélioration des classes laborieuses.

Toutefois, ces résultats doivent être certains, et quelques-uns immédiats ; ils doivent se réaliser pour vous en lois qui fécondent les travaux, atteignent toute concurrence anarchique, vous délivrent des exploiteurs, vous mettent à même, par des règlements de compte plus avantageux et des concessions d'une solidarité large, d'échapper aux serres de l'usurier, du banquier où s'absorbent vos bénéfices.

Un tel résultat et d'autres améliorations analogues seraient faciles à obtenir, après avoir été éclaircies par votre concours. Sans doute, personne n'est plus à même de plaider ces grandes questions que l'un d'entre vous, citoyens ! mais si votre modestie vous arrête, j'aimerais à entreprendre cette tâche, en votre nom, à être votre homme, l'homme des travailleurs !

Et n'ai-je pas quelque droit à votre candidature ?

Comme vous, je suis né dans la demeure de l'ouvrier; j'ai porté le poids du travail! j'ai mangé le pain de l'atelier. Depuis, marqué par Dieu d'un caractère sacré, ne suis-je pas resté, sous l'étole, l'enfant du peuple, son prêtre, aussi dévoué à ses intérêts qu'aux intérêts de Dieu lui-même. Dieu! mais il a un sanctuaire sacré dans vos familles : c'est le sanctuaire de la moralité, de la vertu !

Pesez donc, Frères, dans vos consciences, ce que vaut ma proposition ; ne vous décidez que sous l'influence du bien général.

Les temps sont difficiles, vous l'avez compris et noblement exprimé, d'une manière qui fera époque dans la République. Les questions à résoudre sont brûlantes, comme le sol que nous foulons, comme la mer agitée, elles se lèvent effrayantes pour plusieurs. Un représentant ne doit pas s'abriter derrière les haines, les passions anarchiques. L'homme d'honneur, dévoué à la République, doit être prêt à mourir pour asseoir et sauver les principes de *Liberté*, d'*Egalité*, de *Fraternité*, qui sont les dogmes de l'avenir ! Ce dévouement, il est en moi; recevez-en l'assurance et le salut de fraternité de l'Abbé Louvot. 24 mars 1848. P.-S. Quelques hommes attardés pourraient s'étonner de voir arriver un prêtre à l'Assemblée nationale, bien qu'il y en ait eu à la première Révolution. Pour vous, plus intelligents, et qui avez bu à d'autres sources qu'à celles de l'incrédulité, vous comprenez qu'un prêtre est citoyen avant d'être prêtre, et que trente millions de chrétiens sont aptes à être élus; pourquoi prétendre proscrire le prêtre, qui est la personnification de l'association et de la sécurité de l'ordre ? Ce serait une violation flagrante de la souveraineté nationale.

Si c'est là votre affaire, organisez-vous. Au nom de la liberté, pourquoi ne choisiriez-vous pas votre candidat. La tribune des clubs est à tous, donc au peuple !

Dans sa première profession de foi, l'abbé Louvot, on s'en souvient, avait cité avec les noms de Washington et de Lamartine celui de Louis Blanc, dont il adoptait le drapeau. Quand il écrivait ces lignes, on n'avait pas encore connaissance des conciliabules du Luxembourg, où Louis Blanc émit des idées socialistes et s'efforça de retarder les élections pour prolonger l'existence du gouvernement provisoire dont il faisait partie. La manifestation révolutionnaire du 17 mars, à laquelle on a prétendu qu'il avait poussé, n'était pas encore connue de toute la France. Quand les tendances socialistes de Louis Blanc furent avérées, son nom ne put que nuire à la candidature de notre compatriote, qui, en se disant démocrate, ne voulait point passer pour socialiste.

Ses meilleurs amis comprirent le danger et crurent devoir témoigner hautement de l'entière bonne foi de l'abbé Louvot en adressant à ses confrères, la circulaire suivante à laquelle faisait allusion une précédente lettre :

Dijon, 4 avril 1848.

Monsieur et cher confrère,

La crise sociale s'accroît d'heure en heure, l'avenir est plein de périls ; l'humanité, l'Eglise peut-être, réclament de grands dévouements.

C'est sous l'impression de cette conviction que nous venons, Monsieur et cher confrère, appeler votre attention et vos sympathies sur une candidature qui nous parait devoir servir la cause du pays, et l'indépendance de l'Église si elle était jamais menacée, la candidature de l'abbé Louvot.

Cette candidature, elle lui a été comme imposée

par des hommes de cœur, aussi dévoués aux intérêts de la religion qu'à ceux de leurs frères ; il ne pouvait la décliner sans faiblesse ; puis, n'y avait-il pas utilité qu'un membre du clergé prît, parmi nous, position dans l'arène de la liberté !

D'ailleurs, son nom a surgi au milieu de notre cité, et a été porté, tout d'abord, par la voix du peuple. S'il y a de l'honneur à être l'objet d'une telle candidature, n'y a-t-il pas du courage à l'accepter dans les circonstances actuelles ?

Il est donc de notre devoir, Monsieur et confrère, de la soutenir de tous nos efforts, de donner par un vote consciencieux un défenseur de plus à la religion dans l'Assemblée constituante, qui sache faire respecter nos droits, sans oublier jamais ceux des classes souffrantes, qui ont raison d'avoir confiance en lui.

Et comment pourrions-nous abandonner l'abbé Louvot, lorsque les ennemis du sacerdoce, qui connaissent son indépendance, son désintéressement, son énergie, ne le repoussent que parce qu'il est prêtre.

Sans son caractère de prêtre, tous les Clubs, à l'envi, eussent proclamé son nom ; mais si ce nom ne figure dans aucune liste, il n'en demeure pas moins acquis aux classes inférieures, qui lui accordent leurs nombreux suffrages.

Ne croyez pas, toutefois, Monsieur et confrère, que la popularité de l'abbé Louvot, s'appuie sur des théories fallacieuses, contraires à nos principes et aux droits que confère la propriété. Si l'abbé Louvot a, dans sa profession de foi, cité le nom de Louis Blanc, c'est qu'il ne pouvait prévoir les aberrations du Luxembourg. Nous savons de source certaine que notre candidat leur est formellement opposé.

Non-seulement, Monsieur le curé, nous comptons

sur votre suffrage pour l'abbé Louvot, mais encore sur le concours de ceux qui acceptent volontiers vos conseils. Vous leur observerez d'avoir grand soin de mettre sur le bulletin *son titre de Vicaire* (1).

Faites circuler nous vous en prions, ce témoignage que nous rendons au dévouement de l'abbé Louvot et recevez, pour vous, Monsieur et confrère, les salutations des soussignés :

de Chalonge, curé; Mallard, chanoine titulaire; Nicolas, vicaire (2); Tombret, chanoine titulaire (3); Laurier, vicaire (4); Thubet, vicaire (5); L'abbé Pélie, chef d'institution; Beutot, vicaire (6); Louvot, chanoine (7); Chauvenet, vicaire (8); F. Chicotot, chanoine honoraire de Tours (9).

1. On voulait éviter la confusion que l'on aurait pu faire du vicaire de Notre-Dame, avec son cousin, qui était chanoine titulaire de la cathédrale.

2. Collègue, aîné de l'abbé Louvot, M. Nicolas (Toussaint), né en 1803, fut vicaire de Notre-Dame pendant 24 ans, de 1836 à 1860, curé-doyen de Saint-Seine et plus tard curé de Salives, il vint finir ses jours sur la paroisse de Notre-Dame où il mourut le 7 mai 1887, âgé de 77 ans.

3. Hyacinthe Tombret, né à Auxonne en 1782, devint curé-doyen de Gevrey et chanoine titulaire, il est mort en 1864. Il avait donné à son ami l'abbé Louvot, la vie *des Pères du désert*, ouvrage que Napoléon, lieutenant d'artillerie à Auxonne, lisait fréquemment, en 1790, et dont il fit présent à la fille de son professeur de mathématiques, Mlle Lombard. Cette dernière le céda à M. Tombret, dont la mère nourrissait, pendant son séjour à Auxonne, Napoléon qui, dit-on, favorisa les premières études du futur chanoine.

4. Vicaire de la cathédrale.

5. Vicaire de la cathédrale, mort, curé-doyen de Saulieu.

6. Vicaire de Notre-Dame, curé de Saint-Pierre de Dijon en 1866, chanoine honoraire.

7. Chanoine titulaire, cousin du candidat.

8. Vicaire de Saint-Michel, curé de Bligny-sous-Beaune en 1879.

9. Précepteur en 1848, chez M. de Saint-Seine, devint aumônier à Paris, de la maison de Saint-Nicolas.

La majorité des prêtres de Dijon partagent nos sentiments, et remplaceront le candidat, qui ne sera pas l'expression de leurs convictions, par le nom de l'abbé Louvot. Nous savons, en outre, que le président de la commission catholique, M. Colet (1) et Monseigneur lui-même, désirent cette candidature, bien que d'autres, sans doute, par une prudence que ne commandent ni les circonstances, ni l'indépendance de la plupart de nos concitoyens, craignent de porter le nom d'un prêtre parmi les candidats. Nous avons, nous, meilleure confiance.

La candidature de l'abbé Lacordaire n'a été imaginée que très tardivement et évidemment d'après l'accueil fait à celle de l'abbé Louvot, et ne saurait lui nuire, puisque l'abbé Louvot est le candidat, non du clergé, mais du peuple. (Note de deux signataires bien informés).

A mesure que le terme fixé pour les élections approchait, la lutte, entre les divers candidats, devenait plus vive : Ce n'étaient pas seulement des circulaires que l'on répandaient à profusion, des affiches, quelque fois injurieuses, nous le verrons, étaient placardées de toute part ; des Clubs étaient ouverts où des orateurs de toute nuance venaient exposer leurs opinions et leurs théories devant les électeurs. Avant d'examiner cette phase de la candidature de l'abbé Louvot, nous devons donner connaissance de sa dernière circulaire qu'il adressa aux électeurs huit jours avant le scrutin.

« Un dernier mot de l'abbé Louvot a tous ceux qui n'ont point encore de candidat sérieux pour les représenter à l'Assemblée nationale :

« Travailleurs, petits marchands et vous tous qui n'avez, dans ce monde, que vos bras pour tout bien,

1 Vicaire général, plus tard évêque de Luçon et archevêque de Tours.

écoutez la voix d'un ami que vous savez être tout dévoué, et dont la franchise ne vous déplaît pas.

« Si j'ai recours à la circulaire pour vous communiquer mes pensées, c'est que je n'ai ni club, ni meeting, ni journaux, ni comité pour me prôner et faire mousser ma candidature, au contraire. — Paix à tous ! »

Revenons à nous.

Eh bien ! Citoyens, avez-vous un candidat sérieux pour vous représenter à l'Assemblée nationale : je veux dire un homme spécial, qui soit identifié nonseulement à vos principes politiques, mais à vos intérêts divers, et qui puisse réunir non les suffrages d'une localité, mais d'une grande partie du département, *condition nécessaire pour assurer son élection !* si cela n'est pas, comment et par qui serez-vous représentés ?

Dans presque toutes les listes que font parcourir les courtiers d'élections, je ne vois que des candidats pour représenter la grande propriété, le haut négoce, puis le républicanisme politique. Personne pour représenter vos intérêts à vous !

C'est bien d'ouvrir les portes de l'Assemblée nationale à tous les citoyens, c'est là de la démocratie véritable ; mais de les fermer, ces portes, aux hommes, qui vous sont entièrement dévoués, de vous oublier vous-mêmes, ce serait, pour vous, plus qu'un tort, ce serait un malheur !

Ne dites pas : Vous plaidez ici votre cause, il s'agit bien de moi, citoyens, en présence de vos intérêts et de l'avenir de la patrie. S'il en était ainsi, Oh ! rejetezmoi, comme vous devez rejeter, tous les égoïstes, les ambitieux, les hommes d'argent, d'oisiveté et de plaisir : et ces exploiteurs qui, au nom de la fraternité, osent proscrire vos amis véritables, pour prendre sans doute leurs places dans votre estime. C'est

un peu tard ! ce sont là aussi des hommes du lendemain, je crois !

C'est pour vous, et non pour moi, que j'ai sollicité
vos suffrages, que je les attends sans inquiétude.
J'aurais pu faire appel ailleurs, et aux miens, et aux
classes opulentes. Enfant du peuple, mes regards se
sont portés où était mon cœur. Me serais-je trompé
en comptant sur vous ? Alors mon erreur serait irré-
parable, je ne puis cesser d'être à vous.

Et qui mieux que moi connaît vos épreuves, vos
privations ? Est-il une de vos douleurs qui me soit
inconnue, un seul réduit où je n'aie pas pénétré ?
Insister, sur ce point, ce serait faire croire que je
veux de la reconnaissance pour l'accomplissement
d'un devoir, et je n'aspire qu'à être à l'Assemblée
nationale, la voix de tous ceux qui souffrent, qui
appellent pour leurs fils, plus encore que pour eux,
une organisation nouvelle plus maternelle.

Ce ne sera pas assez de réduire les charges de
l'ouvrier, de diminuer ou d'ôter les impôts qui grèvent
les aliments dont il se nourrit ; pas assez de sous-
traire les petits commerçants aux chances désastreu-
ses qui menacent leur existence entière, aux crises
sociales qui les ruinent de fond en comble ! Encore
si on leur permettait de dire : *J'ai tout perdu fors
l'honneur !*

Oh ! il faut refondre une telle société ; il faut qu'au
nom de la solidarité universelle on arrête le torrent
des maux qui nous envahissent, qu'on fasse disparaître ces montagnes de granit qui pèsent de tout
leur poids sur les classes inférieures. Il faut que vous
ayez, Citoyens si éprouvés, autre chose que d'innom-
brables misères à léguer à vos enfants. Le Christ le
veut ! La République sera très-chrétienne en vous
assurant le pain de chaque jour, en ne laissant
aucun de vos besoins sans satisfaction.

Tous ces bienfaits ne sont pas des rêves. Le christianisme a déjà fait de sublimes essais en s'appuyant sur la générosité privée ; que ne pourra donc pas pour tous l'Assemblée nationale, qui aura le droit de s'adresser à tous, de commander à tous, c'est-à-dire de forcer l'égoïsme à être bienfaisant ! Par son action, chaque citoyen aura intérêt à édifier, à se sacrifier ! personne à menacer, à détruire !

En effet, promettre la prospérité par la violence, c'est dire que la foudre féconde l'arbre qu'elle brise, que la tempête sauve le vaisseau qu'elle submerge ! Les ruines sont la demeure des reptiles, non des hommes !

Ces sentiments, citoyens, ils sont tellement les vôtres, que c'est par vous, et vous seuls, que ma candidature a été posée, comme un fait, comme un droit : *Qu'elle est appuyée, dans tout le département* en dépit des clameurs inintelligentes d'hommes qui comptaient sans votre bon sens et votre fermeté.

Merci, enfants du peuple, mes frères, merci, vos sympathies sont mon vêtement d'honneur. Sous ses larges plis bat pour vous le cœur le plus dévoué à vos intérêts. Achevez votre œuvre et ne craignez pas que chez moi, le prêtre se substitue jamais au peuple, que j'apostasie votre cause ; en travaillant pour vous, ce sera moi que j'oublierai, que j'oublierai toujours ! toujours je serai aussi fidèle à la Patrie, à l'Humanité qu'à Dieu !

Dieu, l'Humanité, la Patrie, trinité chère à tous les hommes et qui ne fait qu'un dans ma pensée comme dans mon cœur ! si j'ai un regret, c'est de n'avoir pas assez fait pour elle ; un désir, celui, pour elle, de me dévouer jusqu'au sacrifice parfait !

L'Abbé Louvot, vicaire.

15 avril 1848.

Si ces paroles font écho dans votre âme, veuillez communiquer cette circulaire à vos amis et à vos colocataires.

Nota. *J'invite les ouvriers et commerçants* à se réunir mercredi 19 du courant, à trois heures précises, *à la salle de la société philharmonique Je désire m'entretenir avec eux, de leurs intérêts. C'est une réunion de famille.*

S'il est vrai, comme l'a dit un de nos plus illustres compatriotes, que le style c'est l'homme, le lecteur peut déjà se faire une idée de notre candidat. Quel est le dijonnais, âgé aujourd'hui de cinquante ans, et plus, qui n'a pas vu en 1848, dans les rues de sa ville natale et surtout sur la place d'Armes et dans la rue Condé, un prêtre de taille moyenne, à la démarche assurée, à la mise soignée, parlant avec animation au milieu d'un cercle d'amis ? Regardez-le, il gesticule avec véhémence, sa voix élevée retentit comme celle d'un homme qui ne craint pas la riposte ; on dit même qu'attaqué traîtreusement il saurait se faire justice avec la seule force de son poignet ; il s'arrête par instant pour mieux souligner ses phrases et reprend sa marche pour s'arrêter encore. Sa physionomie à laquelle son teint brun foncé donne une certaine dureté, est empreinte d'une rare énergie ; ses yeux noirs et profonds lancent des éclairs, et sa lèvre supérieure élevée se soulève tour à tour, avec une malice ou une ironie que ses adversaires politiques ont raison de redouter. A l'étranger intrigué qui demande son nom, on répond : C'est l'abbé Louvot, notre tribun, l'orateur de nos clubs.

La veille du jour qu'il avait assigné aux ouvriers pour l'un de ses discours au club, le 18 avril, ces derniers plantaient sur la place d'Armes l'arbre de la liberté. Leur candidat était là les regardant passer et leur adressant à tous un mot bienveillant, auquel ils répondaient en agitant leur chapeau, par le cri de : Vive l'Abbé Louvot ! Cinq jours plus tard ils allaient déposer pour lui, dans l'urne électorale, des bulletins aussi sympathiques qu'insuffisants.

Pendant la période électorale de 1848 des clubs étaient ouverts dans toute la France ; les villes, les bourgades, certains villages mêmes avaient les leurs. Chacun était libre d'y exposer ses théories, mais les candidats à la députation, on le conçoit, usèrent largement de ce moyen de chauffer leur candidature.

Dijon avait cinq clubs : le club de Dijon, le club républicain, le club républicain démocratique, le club de la commune et le club républicain modéré.

Celui que fréquentait l'abbé Louvot était le club républicain que l'on appelait encore le club Clertan et Lavalle, du nom de ses principaux membres fondateurs qui s'intitulaient républicains de la veille, par opposition à ceux dont les opinions républicaines de fraîche date, faisaient appeler les républicains du lendemain.

Les séances des clubs avaient lieu un peu partout ; les membres du club républicain se réunissaient de préférence à la salle de la société philarmonique et à la salle de spectacle. Cette dernière circonstance prêta singulièrement aux critiques sanglantes des adversaires politiques de notre abbé.

Candidat à la députation, il devait se rendre au club, mais quel terrain glissant que celui de la tribune pour un prêtre !

Les abbés Lacordaire et Deguerry (1) s'y rendaient

(1) L'abbé Deguerry, devint plus tard, curé de la paroisse de la Madeleine, et fut, on s'en souvient, un des martyrs de la Commune en 1871, avec Mgr Darboy. — En 1868, il était en relations amicales avec l'abbé Louvot, dans les papiers duquel j'ai trouvé des lettres de M. Deguerry.

à Paris, Frédéric Ozanam et ses amis leur avaient dit : La République est bien disposée pour nous, nous n'avons pas à lui reprocher aucun des actes d'irréligion et de barbarie, qui ont signalé la révolution de 1830. Elle croit et espère en nous, faut-il la décourager ? Certains membres du clergé se décidèrent donc. Je parus, dit le Père Lacordaire, au grand amphithéâtre de l'Ecole de médecine et dans la grande salle de la Sorbonne, et dans l'une et l'autre de ces assemblées, je déclarai franchement que je n'étais pas, selon le langage des temps, un républicain de la veille, mais un simple républicain du lendemain (1).

A Dijon, l'abbé Louvot était l'un des orateurs les plus écoutés des clubs. Ses périodes entrainantes soulevaient des applaudissements presque unanimes. Ses adversaires, nous le verrons, étaient forcés de le reconnaitre. J'ai connu, je connais encore plusieurs de ses auditeurs qui se plaisent, à quarante ans de distance, à rendre hommage non-seulement au talent oratoire, incontesté de leur compatriote, mais à la droiture de ses intentions, à la sincérité de ses convictions, à la justesse de ses appréciations non moins qu'à son dévouement bien connu à la cause du pauvre.

Son thème favori, c'était de développer dans le sens chrétien, les trois grands mots, si évangéliques, de liberté, d'égalité et de fraternité, dont on a dit que la Révolution avait fait, en les adoptant, trois mensonges. Ces belles doctrines, disait l'orateur, sont contenues dans l'Evangile, prêché au monde et les révolutionnaires s'en sont emparés pour se rendre populaires. Nous revendiquons notre bien, nous réclamons contre ces usurpateurs. N'est-ce pas le Christianisme qui a opéré la cessation de toutes les servitudes et l'affranchissement de l'humanité ? Le Chris-

1. Lettres du P. Lacordaire, ouvrage cité p. cxiii et cxiv.

tianisme est l'ami du pauvre et la vraie fraternité n'existe que dans son sein. Le R. P. Lacordaire avait, en même temps, à Paris, sur le même sujet, des accents dignes de sa grande éloquence.

Nous avons constaté les succès de notre candidat à la tribune, la véridique histoire veut que nous relations les attaques de ses adversaires. Comment aurait-il pu ne pas en avoir, quand des hommes comme Lacordaire et Deguerry, pour ne citer que ces deux-là, se voyaient en but, à Paris, aux plus violentes diatribes des républicains avancés? Le journal la *Réforme*, fondé par Ledru-Rollin, s'acharnait contre les membres du clergé qui, en France, « se remuaient pour capter les suffrages électoraux. » Et signalait à Paris, « le R. P. Lacordaire et l'abbé Deguerry délaissant leurs églises, même au temps de Pâques pour courir les clubs et y soutenir envers et contre tous leurs candidatures.

On connaît, ajoutait la même feuille, le premier; nous avons les pièces à l'appui de sa sincérité politique. L'abbé Deguerry ci-devant de Guerry, ne diffère du candidat dominicain que par la tonsure, aumônier de la garde royale, sous Charles X, l'abbé est devenu, sous les d'Orléans, la créature de l'Archevêque qui en a fait un de ses chanoines en 1842, l'a imposé comme son délégué à la cure de Notre-Dame en 1844, et l'année suivante à la cure de Saint-Eustache... Cette candidature n'est pas sérieuse, l'abbé Deguerry doit bien savoir qu'il perd son temps et qu'il n'a même pas les sympathies de ses compagnons qui ne voient en lui que l'agent suspect de l'autorité épiscopale. Le caractère ecclésiastique nous semble incompatible avec les fonctions de député : les luttes politiques ne conviennent point au sacerdoce (1). »

1. Journal, la *Réforme*, 27 avril 1848.

A Dijon, les mêmes attaques étaient dirigées contre
l'abbé Louvot. La proximité des fêtes de Pâques (1)
et le local où se tenait quelquefois le club (2), four-
nissaient des armes à ses adversaires. J'en ai compté
quatre qui ont ostensiblement lancé leurs traits
contre lui dans un journal, une affiche et trois circulaires. Les journaux de Dijon, à part le *Courrier
républicain*, furent silencieux à son égard. Le *Spectateur* (3), organe catholique de Dijon, à cette époque, se contenta de ne pas le porter sur la liste de
dix candidats proposée par le comité catholique de
la Côte-d'Or. Nous allons brièvement passer en revue
les différentes attaques. Mais nous souvenant de la
maxime, qui nous apprend que le lecteur français
veut être respecté, nous ne nous sentons pas le courage de reproduire les grossièretés de langage de
certaines circulaires. Ceux qui auraient la curiosité
de les connaître, trouveraient ces feuilles où nous
les avons rencontrées nous-mêmes, dans la rare et
curieuse collection de M. Milsand, bibliothécaire-
adjoint de la ville de Dijon, très probablement le
seul qui les ait conservées.

Le *Courrier républicain* (4), après avoir rendu
hommage aux qualités de celui qu'il appelle le Mas-
sillon de Notre-Dame et qu'il reconnait être un prêtre
aimable, spirituel, libéral et bon citoyen, se livre à
un innocent persiflage. Faisant allusion au passage

1. Les élections devaient avoir lieu les 23 et 24 avril, jour et
lendemain de Pâques.

2. Le théâtre de Dijon.

3. Le magistrat Théophile Foisset, les deux abbés Perrot,
dont l'un fut pendant longtemps aumônier des prisons civiles
de Dijon et son frère chanoine de la cathédrale, mort en 1866,
l'abbé Tamisey (1809-1879), vicaire de Saint-Michel, et plusieurs
autres, écrivaient dans le *Spectateur* et furent toujours consi-
dérés par l'abbé Louvot comme ses adversaires.

4. 1er et 20 Avril 1848.

de sa profession de foi où il est question de la lance
de Spartacus et du glaive de Marius, il se demande
si celui de l'abbé n'est pas le glaive de Saint-Pierre
accompagné des clefs du paradis. Il croit que malgré les neuvaines que l'on fait, dit-on, pour le succès
de sa candidature, son nom, à moins d'un miracle,
ne sortira pas de l'urne. Quant à lui, il fait des vœux
pour que le zélé vicaire, malgré ses lettres encycliques, qui témoignent de son désir de quitter Dijon,
y reste, au contraire, pour conti..uer le bien qu'il y
fait.

La note gaie se mêle à ces badinages : dans le
compte-rendu de la séance d'un club du canton de
Saint-Seine, contenu dans une lettre rapportée plus
haut, on parle d'un électeur qui, s'étant levé,
demanda si la candidature du vicaire ne décelait pas des visées à la mitre ou au chapeau de Cardinal ! !

Les attaques, sinon plus sérieuses, au moins plus
méchantes, circulaient dans des libelles répandus
surtout à Dijon.

Le premier, signé D. Blagny, est une sorte de
pathos incompréhensible, dont nous respectons l'ortographe, « sur l'équilibre social par pondération d'action à pondération de réaction. » Il y fait l'éloge du
« courage et de la vertu de Robespierre et des sattellites de cette éclatante planète qui succombèrent
parce qu'il manquait à l'organisation de la convention une direction d'unité par équilibre d'action à
équilibre de réaction. » Le rédacteur du *Courrier
républicain*, ayant refusé d'insérer dans ses colonnes
cette logomachie indigeste, est vertement pris à partie par l'auteur. « La vérité et le mensonge ont leur
cachet dans leur application : votre vérité à vous,
M. le rédacteur du *Courrier*, par l'application est
une erreur, mais vous n'êtes pas républicain,

votre journal est un courrier de coterie qui ne reçoit dans ses colonnes que l'élaboration des réactionnaires. Tranchant du despotisme, comme le délateur vous imposez à la pensée le tribut de la censure. » Citons encore ces phrases qui précèdent les diatribes dirigées contre notre candidat : « A-t-on bien compris, citoyens prétendant à la députation l'application de l'équilibre social, déduit des lois de pondération : quel législateur en a prophétisé l'application ? Projeté par l'opinion publique sur les laves encore fumantes du cratère : du cratère tout palpitant des convulsions des entraves de la démocratie ; c'est à vous, candidats, et le cœur et la tète de la nation, à vous qui êtes appelés à discuter ses droits devant le tribunal des oppresseurs des peuples à créer un système politique en harmonie avec le système universel, système seul durable par la raison logyque que seul il procède de l'essence des choses (Etres). »

« ... Le peuple s'insurgeant dans la réaction, dans l'action, il devient dictateur, souverain, il se crée législateur ; législateur, il organise son pouvoir exécutif, de la pondération de ses pouvoirs nait le gouvernement républicain ; c'est lui citoyens que nous avons choisi, qu'il préside à nos destinées : et ferme dans cette conviction, inaugurons en ce jour ces insignes : que cet arbre, symbole de la liberté soit l'autel où nous dirigerons à tout jamais notre encens. »

« Non, tu n'es point Brutus ! non le citoyen candidat prêtre, n'est point prêtre républicain ! non le prêtre qui établit une distinction dans le service des morts, d'après la position qu'ils occupaient dans la société, n'est point prêtre républicain. . . . . . Le prêtre républicain comme ministre directeur des consciences, interprète du Tout puissant, l'innoculant, comme mandataire, au peuple ; le prêtre républicain de la pensée du Très haut doit être sur les globes le représentant ; comme représentant de cette étonnante et sublime harmonie, chef-d'œuvre de la nature, le prêtre républicain doit avoir une mission de paix. Tout à l'éternel de ses regards il interroge les cieux : de son âme vibrante des accès de la bienfaisance, s'élève des paroles consolatrices : protecteur de l'infortune, au mourant il ouvre de l'éternité les portes du Temple ; enveloppé par l'atmosphère de son ministère sacré, son existence gravite en dehors du corps social en perturbation : sa présence dans les assemblées nationales est un sacrilège. Le mercantilisme sacré étant un cumul de fonctions il doit être réprimé par l'autorité de l'opinion chez tous ministres du culte. Les lieux publics étant des foyers d'expansion ou la parole déborde souvent la pensée ou le palais étérise les passions brutales, le prêtre républicain en fuira l'accès. »

Il existe deux autres libelles signés Joseph Tardy, ingénieur civil, et un troisième anonyme qui parait d'après l'identité des expressions et des tournures de phrase, avoir la même origine ou, tout au moins une origine analogue. Après avoir conservé ce dernier pendant trente ans, j'ai fini par le détruire, mu par un sentiment d'indignation. Les deux pièces qu'il nous reste à analyser donneront suffisamment l'idée de son contenu.

Le premier répandu sous forme d'affiche, avant le scrutin, est intitulé : Gouvernement définitif et suprème de la raison, à tous salut. Simple réponse au sermon de Monseigneur en herbe l'abbé Louvot.

Le remède à tous les maux dont souffre la société, y est-il dit, se trouve dans « la mutualité universelle, à laquelle nous devons nous élever si nous ne voulons pas que la société reste éternellement dans le Cahos. Nous n'en sortirons que par la mutualité uni-

verselle, cette raison supérieure, cette raison suprê-
me, cette grande et éternelle vérité, toujours la même qui est Dieu, hors laquelle il ne saurait y avoir
de salut, de bonheur pour l'homme non plus en ce
monde que dans l'autre, c'est-à-dire non plus dans
la société constituée sur une autre base mensongère
qu'il plairait à l'homme de lui substituer, sous quelque titre, sous quelque forme de gouvernement que
ce soit, car il ne peut en exister d'autre... puisque
cette base est la base du monde, la base de l'univers.

Ainsi donc, tout ce qu'a dit Monseigneur Louvot
et tous les grands orateurs qui l'ont précédé ne sont
que des phrases plus ou moins ronflantes absolument
vides de sens commun, c'est-à-dire privés de ce sens,
de cette raison supérieure que nous avons tous ; mais
que personne ne connaît encore si ce n'est celui qui
a su l'analyser en lui matériellement et scinthéti-
quement. . . . .

Ainsi donc, si les applaudissements qu'a reçu hier
M. l'abbé Louvot étaient sincères, étaient raisonna-
bles, il faudrait désespérer du pays. Comment! un
peuple aussi éclairé que celui de Dijon se laisserait
prendre par des mots, par des paroles redondantes
entièrement vides de sens.

Si nous avions le temps d'analyser ce superbe sermon, nous démontrerions sans peine qu'au fond de
tout cela il n'y a rien, rien toujours, rien, absolument rien...... Monseigneur Louvot a déjà fait une
superbe tonte de suffrages pour un pauvre discours ;
mais nous doutons fort, si toutefois il est élu, qu'il
remporte de pareils triomphes à l'Assemblée nationale.

D'ailleurs, Monseigneur Louvot est employé du
gouvernement et trop indispensable à son vicariat,
et nous espérons bien que ses ouailles qui le chéris-
sent tendrement s'empresseront par un vote négatif de

lui rendre un repos qui est si nécessaire au rétablissement de sa santé (textuel) (1), car ce serait vraiment commettre un fratricide, crime d'autant plus affreux qu'il aurait lieu sous la République...Revenons au sérieux...Nous voulons la mutualité universelle... Vous repousserez donc, par une improbation l'apôtre du Christ qui veut vous maintenir dans les ténèbres depuis 1848 ans, par une morale mensongère qui fait notre malheur à tous, et vous adopterez avec acclamations celle de l'ante-Christ qui, en nous tirant de la position difficile dans laquelle nous sommes, doit faire le bonheur de tous. »

Le dernier libelle est intitulé : Aux travailleurs, à tous, nos remerciements, nos avis .. Le secret de la Comédie, etc... Il fut imprimé après les élections et on pourrait l'appeler le coup de pied de l'âne : il est signé Joseph Tardy, ingénieur civil pour rire. C'est de tous le plus virulent. Le piteux échec de son signataire qui proclamait sa morale, celle de l'ante-Christ, explique sa vengeance. Dans cette feuille comme dans celle qui était anonyme, l'auteur faisant allusion au local du théâtre où le club s'était tenu, appelle son adversaire le premier comédien du monde.

Nous ne citerons que la seule phrase typique suivante, et nous ferons grâce au lecteur de la page intitulée : *Morale* où l'odieux le dispute au grotesque.

« Nous aurions désiré être élu pour pouvoir développer cette idée à la Chambre, la mutualité ; mais il paraît que notre règne n'est pas de ce monde, les travailleurs nos amis, nos frères, aveugles ou aveuglés par les belles paroles de ce bon apôtre de Christ auquel nous pardonnons, puisqu'il rentre définitivement au bercail...... n'ont pas su distinguer le vrai du faux ; car ils lui ont donné 4,500 voix, tandis que

1. Le candidat relevait en effet de maladie.

nous avons sué sang et eau pour en trouver tout en gros une seule, car nous avouons nous être donné la nôtre. »

Les dernières luttes électorales avaient lieu pendant la Semaine-Sainte. Un décret du gouvernement provisoire, écrivait Mgr Rivet à son clergé, le 29 Mars 1848, retarde les élections qui devaient avoir lieu le dimanche 9 avril, et les fixe au 23 du même mois. Il est souverainement à regretter que le saint jour de Pâques ait été choisi pour cette opération dissipante. Mais puisqu'il ne dépend pas de nous qu'il en soit autrement, résignons-nous et redoublons d'efforts pour savoir acquitter, en ce jour, notre double dette de chrétien et de citoyen. » La date des élections, dit M. de Falloux (1), fut fixée au jour de Pâques, dans l'évidente intention d'écarter, autant que possible, les catholiques du scrutin, mais le choix d'un tel jour révolta l'opinion au lieu de la paralyser. Le gouvernement provisoire avait décrété le vote au chef-lieu de canton. Les évêques donnèrent pleine latitude pour changer l'heure des offices. « Pour faciliter à nos diocésains (2), disait Mgr Rivet, l'accomplissement de leurs devoirs de citoyens et de chrétiens, nous autorisons MM. les curés et desservants à choisir pour la célébration de la messe (le jour des élections), l'heure qui leur semblera la plus convenable : Les vêpres de ce jour pourront être également avancées ou différées. Seulement vous tâcherez de faire comprendre à vos bons paroissiens combien il convient qu'ils s'arrangent pour retourner dans leur commune aussitôt après avoir voté, afin de sanctifier l'après-midi par l'assistance aux vêpres de ce saint jour (3). » Les curés, ajoutent M. de Falloux, marchèrent réso-

1. Correspondant 25 avril 1887, page 201.
2. Lettre circulaire du 21 mars 1848.
3. Lettre circulaire du 29 mars 1848.

lument en tête de leurs paroissiens et, dans beaucoup de contrées, qui ne passaient pas pour fort religieuses, les électeurs tinrent à honneur d'appeler le clergé dans leurs rangs.

Les dix premiers noms qui sortirent de l'urne électorale, dans le départemeut de la Côte-d'Or, furent ceux de :

> MM. MONNET
> MAIRE (de Montbard).
> MAUGUIN
> GODARD-POUSSIGNOL
> MAGNIN-PHILIPPON
> James DEMONTRY
> BOUGUERET
> MARÉCHAL
> JOIGNEAUX
> LAMARTINE

Nous n'avons pas à donner ici la liste complète de ceux qui obtinrent des suffrages dans le département de la Côte-d'Or : ils furent nombreux. Il nous suffira de rappeler que le statuaire Rude n'arrivait que le 25e avec 8,334 voix, Louvot le 29e avec 4,357 et Lacordaire le 36e avec 1,071 voix (1).

Le nombre des suffrages obtenus par l'abbé Louvot, lui vint en très grande partie de la seule ville de Dijon. Les voix qui lui furent données dans le département, n'y figurent que pour une faible minorité. C'était surtout on pourrait dire, presque exclusivement à Dijon qu'il était connu et qu'on avait pu l'apprécier. Il n'y a pas à douter que si les cantons de la.

---

1. Lacordaire fut élu par les Marseillais et siégea à la Constituante jusqu'à l'invasion de l'Assemblée par le peuple de Paris, le 15 mai 1848. A cette date il donna sa démission de député.

Côte-d'Or eussent voté pour lui comme Dijon, il eût été élu.

Il ne faut pas oublier qu'il n'avait pas été porté sur la liste du comité catholique et qu'il restait simple candidat du peuple. La conduite de ce comité, lui écrit un électeur, le 7 mai 1848, de Saint-Seine, en montagne, m'a profondément affligé, indigné même. Je vous remercie du bien que vous m'avez fait et du bonheur que vous m'avez procuré pendant une heure et demie, au club des travailleurs, le mercredi 19 avril. Mes vœux ardents, mes efforts constants, mais par malheur trop peu puissants, vous désignaient à l'assemblée nationale où, certes, votre place était marquée mieux que celle de bien d'autres.

Enfin, les aveugles n'ont pas voulu. Le mal n'en est pas pour vous qui vous seriez consumé sous l'influence des luttes parlementaires. Où que vous soyiez votre mission, comme vos goûts et vos habitudes, sont de faire le bien, de vous dévouer au bonheur spirituel et temporel de tous les hommes que vous aimez et adoptez comme vos frères et, en cas d'échec, vous trouvez en vous la consolation que l'homme de bien puise dans sa conscience par la pureté de ses intentions. Ces vertus, qui sont les vôtres, sont connues et appréciées de tous, même de vos antagonistes. »

Si la Côte-d'Or ne fut pas représentée à la constituante par un membre du clergé, il n'en fut pas de même pour beaucoup d'autres départements. Sur les bancs de cette assemblée politique. on voyait à gauche le Père Lacordaire, vêtu de son froc de dominicain ; plus proche du centre l'évêque de Langres, Mgr Parisis, qui avait publié, sous ce titre : *Cas de conscience*, un cathéchisme fort libéral ; l'évêque de Quimper, Mgr Graverand, dont la candidature avait été favorisée par l'universelle vénération qu'il inspirait dans son diocèse ; enfin, l'évêque d'Orléans, Mgr Fayet, qui, selon M. de Falloux, beaucoup plus que ses deux collègues, semblait à l'aise, dans sa nouvelle carrière, ayant, à cet effet, échangé sa soutane contre le petit collet de l'ancien régime. On avait, ajoute finement le même historien, promptement distingué le caractère des trois prélats qu'on s'était permis de surnommer ainsi : *Magnificat; Ædificat; Lætificat.*

La majorité comptait aussi un certain nombre de professeurs de séminaire et de curés ; c'étaient les abbés : Ablot, vicaire général *;* Lépinay, grand-vicaire de Luçon ; Mouton, directeur au grand séminaire d'Alby ; Cazalès, supérieur du séminaire de Montauban, ancien page de Charles X et fils du grand orateur de l'ancienne Constituante, Fournier, Stæclé et Daniel, curés ; Bautain, Leblanc, Siméon et Desclair. N'oublions pas d'ajouter à cette liste le nom du prêtre philosophe Lamennais, qui était allé s'asseoir parmi les montagnards.

Une modification dut être apportée au résultat des élections de la Côte-d'Or ; Lamartine, qui y avait été élu, ayant opté pour Paris, il fallut nommer un député pour le remplacer. Le vote eut lieu le dimanche 11 juin. Dès le premier de ce mois, l'abbé Louvot, que ses partisans voulaient de nouveau porter comme candidat, écrivait une lettre au *Courrier républicain,* pour l'informer qu'il se désistait de toute candidature et pour engager ses amis à ne pas éparpiller les voix qu'ils pourraient lui réserver et à les reporter sur M. Perrenet. Ce conseil était celui des démocrates ; nous engageons, disaient-ils, nos amis à se grouper autour de M. Perrenet et à voter, avec ensemble, avec unité, comme des frères et loyaux démocrates. La réaction est patente à tous les yeux, elle est de plus en plus provocante. Ce conseil fut suivi ; le 13 juin, on apprenait l'élection du citoyen Perrenet, en remplacement de Lamartine, par 18,000 suffrages dont 2,000 seulement de majorité. On commence, dit la feuille démocratique, à se lasser des élections. On était las de bonne heure, dirions-nous, si nous voulions faire un innocent jeu de mots.

Les opinions démocratiques de l'abbé Louvot lui avaient fait une certaine célébrité, non seulement à Dijon, mais au loin. On pensait, sans doute, que lancé dans cette voie, il en dépasserait les limites et finirait par se laisser entraîner dans les rangs des socialistes. On se trompait. La lettre suivante trouvée dans ses papiers en est la preuve manifeste. Nous la citons d'autant plus volontiers qu'avec sa réprobation pour ces funestes doctrines, elle contient une profession de foi utile à enregistrer : « Monsieur, vous venez de m'adresser un numéro de votre journal *le Socialisme*. Il contient un article de vous où la négation de mes croyances catholiques est tellement explicite, que je ne puis me défendre de vous en exprimer la profonde affliction qu'il m'a causée et vous prier, en même temps, de ne plus me faire part de semblables productions.

Et cependant, Monsieur, je veux l'amélioration morale et matérielle de l'humanité tout aussi bien que vous, et je la veux parce que, contrairement à vous, je crois à l'Incarnation, à la Rédemption, mystères d'amour qui nous ont arraché des serres de l'homme, dans le passé, et sont l'unique puissance qui nous délivrera, dans l'avenir, des serres des oppresseurs et exploiteurs, n'importe d'où ils viennent, des rangs du sacerdoce ou de la philosophie. Au point de vue de l'histoire comme de la théologie, je ne reconnais qu'un sauveur pour l'humanité, c'est le Dieu fait homme.

Sans aucune intention de vous fatiguer et encore

moins de vous blesser, permettez-moi d'ajouter que, comme conséquence de ma foi à l'Incarnation et à la Rédemption, je crois à la chute de l'homme et à la consubstantialité du Verbe avec son Père, tout aussi facilement que je crois que ma pensée est consubstantielle à mon intelligence qui la produit. Je crois à la communion intime de l'homme avec Dieu par la présence réelle. Je crois à la virginité de Marie dans le sein de laquelle, dit un célèbre philosophe, le Verbe, créateur du premier homme, sans intervention humaine, je pense, s'est fait homme pour qu'il ne fût plus possible, désormais, de fouler l'homme sans que le crime de lèse-humanité devînt en même temps un crime de lèse-divinité.

J'ai aussi la faiblesse de croire au purgatoire, bien que vous n'y croyiez pas et que vous conseilliez à vos lecteurs de n'y pas croire, parce que je crois au repentir de l'homme pécheur, à l'expiation volontaire dont la continuation temporaire, dans une autre vie, n'est autre chose que le purgatoire.

Je vais plus loin, Monsieur, je crois à l'enfer, parce que, comme vous, je crois que la liberté humaine est inviolable et en deçà et au-delà de la tombe. Conséquemment l'homme qui n'a pas voulu communier, ici-bas, avec Dieu vérité, parce que la vérité mettait un frein à son orgueil, avec Dieu vertu, parce que la vertu réprimait les dérèglements de sa vie, avec Dieu, amour, parce que l'amour réclamait le sacrifice de tout son être à Dieu et à l'humanité, cet homme peut être assuré que le Dieu de l'éternité ne fera pas violence à sa liberté. Lacenaire et Vincent de Paul, à l'heure qu'il est, sont avec ce qu'ils ont librement choisi; toutes les encyclopédies ne pourront les confondre dans une même unité.

Telle est ma foi, Monsieur, et elle me parait si conforme à une raison éclairée et si propice à la

réhabilitation de l'humanité que je regarde comme
également nuisibles à ses intérèts, et ceux qui ne
veulent rien faire pour l'amélioration de leurs frères
et les hommes qui s'ingénient à vouloir sauver le
genre humain sans Jésus-Christ. Tous tournent le dos
au progrès et nous conduisent avec la plus grande
vitesse au paganisme.

Comme saint Paul, je ne connais, pour réformer
les sociétés, que la science de Jésus crucifié. Puisque vous la niez cette science, je ne puis, ni de près,
ni de loin, envisager votre œuvre sans trahir la
sainte cause que je sers depuis vingt-cinq ans et que
je veux servir jusqu'à la mort. »

Cette énergique protestation pourrait servir de
préambule au magistral discours que nous avons à
analyser. Nous en donnerons quelques extraits qui
nous aideront à nous faire connaître le genre et le
talent oratoires du prêtre dijonnais.

CHAPITRE III

Discours : Dieu unique vie des gouvernements. — Œuvres diverses. — Départ de Dijon. — La cure de Marsannay-la-Côte.
— Arrivée à Paris. — L'aumônerie du collège Stanislas. —
Premières prédications. — Le pensionnat Rey. — Le baptême
du prince impérial.

L'abbé Louvot était directeur de la Confrérie éri-
gée à Notre-Dame, en l'honneur de la Sainte-Croix,
et dont la fête principale se célébrait le 3 mai, jour
de l'Invention de la Sainte-Croix. Le sermon qu'il fit,
à cette occasion, eut un certain retentissement à
Dijon ; à quarante ans de distance, ceux qui l'ont
entendu, en ont gardé un favorable souvenir. C'était
la plus péremptoire réfutation que l'abbé pût donner
des malveillantes insinuations de ses adversaires. Ce
sermon prêché le dimanche 7 mai 1848 (1) fut imprimé
chez Loireau-Feuchot, dans les circonstances qu'on
va voir, et vendu au profit des pauvres.

Deux jours après avoir prononcé son discours,
l'abbé Louvot recevait la lettre suivante que lui écri-

1. La fête de l'Invention de la Sainte-Croix arrivant en 1848
le mercredi 3 mai, avait été remise, pour la solennité, au dimanche 7 mai.

vait M. l'abbé Duplessis, ecclésiastique lettré qui était, à cette époque, prêtre habitué de Notre-Dame :

« Monsieur l'abbé, le discours que vous avez prononcé avant-hier, dimanche, et qui a vivement impressionné la portion intelligente de votre auditoire, mérite d'être médité. Il est d'ailleurs une noble protestation contre les menées de certains hommes qui ne cherchent à vous nuire qu'en vous prêtant des sentiments qu'ils puisent dans leur cœur, ne pouvant les trouver dans le vôtre. Aujourd'hui même, ils exploitent contre vous, en la dénaturant, la parole si indépendante, si chrétienne que vous venez de nous faire entendre. Vengez-vous de vos ennemis et servez vos amis en livrant votre discours à l'impression, quand la vérité se reproduit, comme la lumière, elle fait disparaître les ténèbres. Je suis, etc. »

L'abbé Louvot répondit le 18 mai : « Monsieur, vous désirez de moi une chose trop peu importante pour que je vous refuse. L'honnête homme ne craint pas plus qu'on juge ses écrits que sa parole, que sa vie ! sans avoir la propriété de la lime, je ne redoute pas la dent des serpents, celle des hommes serait-elle plus mauvaise ? Eh bien ! quand même, pour me servir des expressions d'un prophète, *elle serait comme la flèche aiguë, trempée dans le poison du mensonge* (1), je n'envie ni ne redoute sa puissance. *Dieu est mon juge, mes intentions, mon cœur sont en sa puissance* (2), s'il me justifie, que m'importe le jugement des hommes ? (3).

Si, dans mes paroles et mes récits, je venais à me tromper, et cela serait d'autant moins surprenant que l'infaillibilité qui est dans l'Eglise, ne se trouve nulle

1. Jérémie, 9.
2. Isaïe, 49.
3. Saint-Paul, I. cor. 4.

part ailleurs, je m'empresserais toujours à la *voix de l'Eglise*, de réparer mes torts.

En attendant ce jugement, qui ne sera jamais inspiré par la *détraction*, mais par la charité, je me permettrai de vous dire, que je ne partage pas votre opinion sur l'influence, dans le monde, de la vérité. Depuis son entrée dans le monde, elle a rencontré plus que des contradicteurs. *Les ténèbres n'ont point reçu même la vérité éternelle* (1). Je n'en demeurerai pas moins aussi fidèle à la vérité qu'à l'amitié. C'est en leur nom que je vous offre, avec mes remerciements, l'expression de mon dévouement. L'abbé Charles Louvot ».

Le discours que nous avons à étudier a pour titre : *Dieu, unique vie des gouvernements et des nations.*

Et pour texte ces paroles du livre de Tobie (2) : « *Post tempestatem, tranquillum facis,* » c'est Dieu qui donne la tranquillité après la tempête.

L'exorde expose ces deux propositions : 1° l'élément religieux dans les institutions, *c'est le seul élément constituant et vivifiant des nations.*

2° L'absence de cet élément dans leurs constitutions, *c'est l'unique cause de leur abaissement, de leur ruine.* Nous allons, dit l'orateur, le démontrer par l'histoire universelle des peuples.

Il ne faut pas permettre à ceux qui portent les destinées de la France entre leurs mains, d'oublier ces vérités. — Que je voudrais pouvoir les rassembler tous sur cette montagne où la religion nous convie, en ce moment, et, du haut de laquelle Jésus-Christ a versé dans les entrailles du globe tous les éléments de la vie, vie de paix, de dévouement, de liberté ! Là, nous ferions comparaître devant eux, comme nous allons le faire devant vous, les nations qui ne

1. Saint-Jean.
2. Liv. de Tobie, III. 22.

sont plus et celles qui sont encore debout, pour apprendre d'elles la cause de leur durée ou celle de leur ruine !

I. Dans la première partie l'orateur démontre que si Dieu n'est lui-même l'âme d'une nation, cette nation disparaîtra, comme une tente, dans une nuit d'orage, elle périra dans les convulsions de l'anarchie. Passant en revue les peuples anciens il trouve, en Orient, la cause de la grandeur de ces peuples dans l'élément religieux qui coulait des sanctuaires de Thèbes, de Ninive, de Babylone, de Persépolis, d'Alexandrie, dans les institutions civiles, politiques et militaires. Ce que le Zand-Avesta des Mèdes et des Persans, les Védas des Indiens renfermaient de vérités primitives, divines, c'est là le fondement de la législation de ces peuples, la source d'où jaillit, pour eux, la *paix qui descend de leurs montagnes et la justice qui remplit leurs collines* (1).

Cette loi qui régit les nations est tellement divine qu'elle est universelle, que l'Occident lui donne une sanction tout aussi solennelle que l'Orient. La puissance et la longévité des peuples Sarmates et Scandinaves, ces patriarches de la barbarie, leur viennent de l'assistance divine ; écoutez-les dit Salvien (2), ils vous parleront de Dieu.

Mais que lui doit cet empire (3) qui est le couronnement du vieux monde? Géant redoutable, je le vois debout, un pied sur l'Occident, poser l'autre sur l'Orient; de ses deux bras, il touche aux pôles; son front est dans les cieux, son regard domine les siècles, il commande et l'univers obéit.

Et cependant, il n'a de confiance qu'en ses légions et ses faisceaux, dans ses 40,000 dieux qu'il a conviés

1. Ps. 71.
2. Livre VI. 7.
3. L'empire Romain.

dans le Panthéon à la table impure de son Jupiter Capitolin !

Ne nous arrêtons pas à cette Rome extérieure..... interrogeons ses origines... près de son berceau apparaît la Religion... Le génie de Rome, c'est le génie même de la Religion.

Rome, dans la pensée de Dieu, dit saint Augustin, ne devait dominer l'univers que pour venir avec lui au pied de la croix. Fille aînée de l'Europe...., elle devait enrichir le monde de la bonne nouvelle et étendre ainsi les limites de sa puissance pacifique bien au-delà des limites tracées par les Paul-Emile, les Scipion, les César ! C'était sa mission providentielle et la cause réelle de sa grandeur, celle de sa ruine, nous le verrons, fut d'avoir méconnu cette mission.

Comme il est vivant ce peuple (1) dans lequel l'élément religieux, disons plus, dans lequel le Verbe s'est comme incarné, dit un Père. *Lex gravida Christo* (2). Il n'est pas d'hier ; pour raconter sa généalogie, il faut aller loin dans l'horizon du passé ; il faut laisser en chemin toutes les chronologies ; de Jérusalem où nous le voyons réuni dans le temple qu'il a élevé au vrai Dieu, il faut, pour trouver son origine, remonter les rives du Jourdain, traverser le désert où il triomphe successivement des enfants d'Edom, des Amalécites, des Philistins ; il faut aller bien au-delà des tentes des Patriarches. On ne s'arrête qu'aux portes d'Eden, pour s'agenouiller devant Dieu qui lui a déjà donné quarante siècles d'existence et de grandeur !

Après un brillant tableau de la vie des Patriarches, des législateurs, des Rois et des prophètes, du peuple de Dieu, l'orateur nous le montre triomphant de

1. Le peuple juif.
2. Saint Augustin.

toutes les calamités et planant, au retour de la captivité de Babylone, sur ses oppresseurs, chantant ses triomphes, sa gloire, sa liberté !

Puis il s'écrie : O peuple merveilleux ! dilate tes entrailles pour recevoir cette plénitude de vie que le Christ apporte aux nations et qu'il veut d'abord déposer dans ton sein ! Lève-toi, Lève-toi, Peuple de Dieu ! En marche sous l'étendard du Christ, qui déjà flotte sur tes montagnes. Viens, en son nom, appeler les peuples à la liberté, au saint banquet de l'amour, de la charité, qui seule peut réunir tous les cœurs ; dis à Judas de déposer le sceptre de tes rois entre les mains du Christ, et tes destinées, ainsi que les siennes, n'auront point de fin. Par Oreb, par Sinaï, par Sion, je te vois traverser les siècles, couronné de toutes les gloires et les porter toutes dans le sein de l'humanité.

Israël, vous le savez, a préféré César à Dieu. Nous verrons ce que César a fait pour Israël.

Interrogeons les nations qui, depuis dix-huit siècles, vivent de l'élément chrétien..... sous l'influence du christianisme. L'Asie, l'Arménie, la Perse, les Indes secouent leur sommeil, déchirent le suaire qui couvrait leur front et font jaillir sur le monde les irradiations du génie divin qui les transforme entièrement.... Les déserts de Syrie et les crêtes du Liban pourront chanter leurs hymnes de joie. N'ont-ils pas la beauté du carmel et la fertilité de Saron ? . . . .

En Afrique, l'Egypte, la Thébaïde, les nécropoles et jusqu'aux ruines de Ramsès se raniment pour la vie nouvelle. . . . .

La même cause produit partout les mêmes effets. Voyez en Occident, le chaos qui s'anime, sous le souffle créateur... Toutes les races barbares, Scythes, Germains, Gaulois, Teutons, Sarmates, sous l'action chrétienne, se constituent politiquement et commen-

cent, avec le travail, de leur civilisation, l'histoire de
leur grandeur, l'histoire de l'avenir du monde !

Comme ils sont vigoureux, tous ces peuples qui
ont Dieu en eux, dans leurs entrailles, dans leurs
constitutions, et cela, malgré les pressions que leur
ont fait subir les diverses tyrannies, et elles sont
nombreuses, sous le soleil ! Parcourez vos géogra-
phies ; montrez-moi un seul point où vive l'élément
chrétien et où la mort habite ! Les nations chrétiennes ! elles sont debout, semblables à de majestueuses
pyramides, elles s'affermissent sous l'action du temps,
l'ouragan qui balaie de la terre les peuples sans Dieu,
ces caravanes sans consistance, ne fait que constater
leur indestructibilité. Aussi ont-elles pour les contempler plus de quarante siècles, elles ont Dieu et l'éternité. L'orateur ayant passé en revue les nations de
l'Europe régies par des institutions chrétiennes arrive
à la France.

La France ! elle est immortelle car elle est chré-
tienne jusque dans les dernières couches de son sol.
Qu'on ne vienne pas nous menacer des barbares du
Nord, des flots d'une nation rivale. La France n'a-
t-elle pas conservé le glorieux drapeau que nos aînés
ont planté sur les Pyramides, les Alpes, le Kremlin ?
N'a-t-elle pas entre les mains l'étendard qui a soumis
Rome, Carthage, Athène, *fait à la lettre le tour du
monde*, il y a plus de dix-huit siècles, la croix du
Christ ?. . . . .

Mais si elle permettait que ce signe sacré fût méconnu ou relégué tout au plus dans un ossuaire,
comme une relique vieillie, si quelque violent orage
se formait sur le calvaire, sans qu'elle le conjurât.
Oh ! alors, je le dis avec douleur, malheur à nous !
Malheur à la France ! Mais non, mon Dieu..... vous
ne permettrez pas qu'elle cesse, même pour un jour,
d'être chrétienne, son sort ne sera jamais celui

des nations qui, sans le Christ, vont toutes à la mort.

II. La seconde partie du discours nous fait assister à la ruine des nations dont les constitutions ont répudié l'élément divin.

L'Assyrie, l'Egypte ont disparu de la scène du monde ; les Mèdes et les Perses disparaissent à leur tour ; l'empire d'Alexandre s'efface sous les pieds des Parthes, celui des Parthes sous les pieds des Tartares ; le monde entier disparaît, un jour, avec toutes ses nationalités, sous le char de Rome. Ce n'est point là un évènement purement naturel, comme le pense la plupart des hommes qui ne vivent que dans le domaine des faits matériels. Les nations ne meurent que quand elles se suicident ; que lorsqu'après avoir bu à longs traits le poison de l'incrédulité, de l'orgueil, de la volupté, elles ont contraint l'élément religieux à les abandonner, à porter ailleurs sa sève féconde. Alors privées de Dieu, ces cadavres de nations tombent d'eux-mêmes en dissolution, le vainqueur n'arrive que pour assister à leurs funérailles et sceller leur tombeau. . . . . .

Nous ne pouvons, à regret, entrer dans les développements que donne l'orateur pour prouver sa proposition par l'histoire des différents peuples. Citons au moins les passages qui ont rapport à Jérusalem, à Rome et à la France. . . . .

Qu'est devenue Jérusalem, depuis le jour où elle a dit : *Je ne veux pas que le Christ règne sur moi, sur mes fils !* Elle croyait à ses destinées éternelles sous le sceptre du César, et trente années s'étaient à peine écoulées, depuis son crime et son apostasie, qu'un bras invisible se servant du sceptre de César, brisait Jérusalem. Il détruirait jusqu'à ses ruines. Point de clémence, point de pardon, ni pour la cité, ni pour son temple ! tout s'écroule, tout disparaît, tout jusqu'à ses fils qui, dispersés dans l'univers, ne seront condamnés à vivre comme individus que pour sentir toujours la mort comme nation. . . . .

La ruine de Jérusalem appelle la ruine de toute nation où le Christ n'est pas vivant, où il n'est pas le législateur, le grand maître de cette nation. Elle appelle surtout la ruine de Rome païenne, de Rome qui n'a dressé ses gibets, allumé ses bûchers, agrandi ses amphithéàtres, que pour anéantir le nom et l'esprit chrétien. Rome, maîtresse de l'univers, voulait se débarrasser du Dieu de l'univers ! le chasser de ses possessions ! elle se croyait assez forte pour porter le monde sur son bouclier ! Rome, l'épée de Dieu est sur ta tête, ta chute est proche, c'est ta fin. *Venit finis, nunc finis super te* (1).

Et des forêts du Don, de la Scandinavie, de leurs profondes solitudes, viennent fondre sur Rome des monstres plus furieux que ceux que nourissait Rome pour dévorer les martyrs. Portés sur les tempêtes, les voilà qui accourent pour s'entre-partager les lambeaux du cadavre romain. . . . .

Au tableau saisissant des malheurs causés à l'Asie et à l'Afrique par leur apostasie de la foi chrétienne, le prédicateur fait succéder la période suivante ;

Il n'y a point de peuple, point de trône, point de gouvernement durables, s'ils ne sont vivifiés par le christianisme; s'ils ne sont fondés sur l'Evangile, éclairés par la lumière éternelle, enveloppés dans l'atmosphère divine. Dites-nous, ô nos pères, pourquoi ce trône qui disparaît dans le sang? Ah ! c'est que l'incrédulité, le scepticisme avaient miné ses bases antiques et vénérées. Leurs apôtres, en niant la Providence, l'immortalité, le devoir, la vertu avaient chassé Dieu du sanctuaire de la Royauté; voilà pour-

1. Ezéch. VII, 2.

quoi le trône disparait dans la tempête qu'ils avaient
appelée sur la nation ! Si le sang d'un juste coula,
en marquant d'une tache indélébile le front des bour-
reaux, eût-il la puissance de laver les orgies de la
Régence et les hontes de Sardanapale ? Pourquoi la
République n'apparut-elle qu'un jour à la France qui
lui avait ouvert ses bras désespérés ? C'est que.....
pour contracter avec le peuple une alliance indisso-
luble, il fallait la conduire solennellement aux autels
du Christ, et les autels et les temples et les pontifes,
et les lévites du Christ avaient disparu dans le même
abime, creusé par la tyrannie qui s'était fait appeler
la liberté.

Que serait-il arrivé pour la France, si Dieu, qui
veille sur ses destinées, qui avait entendu les grandes voix de ses nouveaux martyrs, n'eût fait surgir du
milieu des ruines un de ces génies qui dominent les
tempêtes ! Pour tout reconstituer, l'ordre, la famille,
la société, il comprit qu'il fallait autre chose qu'une
épée, un sceptre : il prit une croix et la patrie fut
sauvée et le nom de la France fut salué avec celui
de la victoire, des bords du Nil au Gange, des Pyramides jusqu'aux frontières d'un autre Orient.

Un jour cependant, il crut qu'il était le Dieu qui
avait fait de si grandes choses : il essaya d'effacer
un nom divin des pages de cette glorieuse épopée,
pour y inscrire un nom nouveau. Quel est ce vaisseau
qui fend les flots de l'Atlantique ? Il emporte César
et sa fortune pour tout briser contre une rocher !

Avec des lambeaux vénérés et rapportés de l'exil,
on essaya de façonner des manteaux de roi. Au lieu
de consulter le Dieu de saint Louis, la charte sublime des peuples et des rois, l'Evangile ! on demanda
à la politique des insulaires, à la philosophie du dix-
huitième siècle les institutions de l'avenir. La Religion n'apparut que pour abaisser sa majesté aux

pieds d'un sophiste couronné! Dieu, et non des ordonnances royales, fit de nouveaux souffler le vent des révolutions : vous savez encore ce qu'est devenu le trône nouveau qui était le vôtre et que la main de Dieu ne portait pas.

Rassurez-vous, je n'insulterai pas aux majestés tombées; si je dois la vérité à tous, je dois aux victimes les égards et les respects que l'on ne refuse jamais au malheur.

Mais j'élèverai la voix pour dire à tous les peuples, à tous les chefs des peuples, à ceux de l'Orient et de l'Occident : O Princes ! ô rois ! ô législateurs ! ô nations ! ô tribuns, instruisez-vous donc ! Voulez-vous la force, la vie, l'indépendance ! ouvrez l'Evangile. Que ses doctrines soient le fond de vos constitutions, la charte de nos droits, la règle de nos devoirs, voulez-vous vivre ? Prenez la croix. . . . .

O Dieu ! ô Christ, donnez, donnez à la France des législateurs chrétiens, animés de votre esprit d'amour, vivant de votre vie de sacrifice, de dévouement et, par eux, vous donnerez à la France la paix, l'union, le bonheur, la force. La France aura bientôt réparé tous ses désastres. Nous la verrons bientôt, grande et glorieuse entre toutes les nations, leur communiquer à toutes sa sagesse, sa modération, son esprit de justice, son amour pour Dieu et l'humanité. « Si les hommes pouvaient lui manquer, alors elle aurait le ciel pour elle ; si les rois se coalisaient contre elle, pour elle, elle aurait les peuples » (1). Marchant à leur tête, bénie par eux, aimée du ciel, quand son règne aurait cessé sur la terre, c'est que Dieu et l'éternité règneraient partout et sur tous. . . . .

1. Le Père Ventura.

La fin de l'année 1848 fut agitée de nouveau, par l'élection du président de la République. Après les terribles journées de juin, la commission exécutive qui n'inspirait plus de confiance à personne, donna sa démission et le général Cavaignac fut investi de tous les pouvoirs exécutifs. Quand il s'agit de déterminer le mode d'élection qui donnerait un président à la République, le premier mouvement de la majorité de la Constituante, fut de s'attribuer ce droit, et si, en effet, elle l'eût retenu, elle en aurait certainement usé au profit du général Cavaignac. Après le discours de **M.** de Lamartine, prononcé dans la séance du 6 octobre, tous les amendements attribuant l'élection à l'Assemblée furent repoussés, notamment l'amendement radical de MM. Grévy et Flocoy qui excluaient toute présidence. Le président, d'après le vote de la majoriré de la Chambre, le 10 octobre, devait être élu au scrutin secret et à la majorité absolue des votants par les suffrages de tous les électeurs des départements français et de l'Algérie. Avec le suffrage universel, pensait M. de Lamartine, nul ne pourra réunir la majorité absolue. Le prince Louis, **M.** Ledru-Rolin et moi, disait-il, seront forcément renvoyés devant l'assemblée, ce jour-là je remonterai à la tribune et l'assemblée m'acclamera, et peut-être à l'unanimité. On voit de quelle hauteur chimérique tomba M. de Lamartine (1).

Quatre candidats se disputaient, la présidence de la République c'étaient : Cavaignac, le prince Louis Napoléon, Ledru-Rollin et Lamartine.

Le comité républicain de Dijon soutint la candidature du général Cavaignac. Il rédigea une circulaire électorale signée par cinquante électeurs en

---

1. M. de Falloux : Correspondant 25 avril 1887 pages 223 et suivantes.

tête desquels figure le nom de l'abbé Louvot avec ceux de MM. Hernoux, Bœuf, Joliet, Enfer, Lacomme, Clertan, Tissot, Perdrix. etc., etc.

Nous croyons devoir donner le texte de cette circulaire en entier, à cause de l'influence qu'elle dut avoir, en 1851, sur la détermination qui fut prise à l'égard de notre compatriote :

Aux électeurs du département de la Côte-d'Or, le Comité républicain de Dijon. — Dijon, le 29 novembre 1848.

Citoyens,

La Constitution de la République démocratique est proclamée. L'observer et la défendre comme la loi fondamentale sortie du suffrage universel, tel est le devoir de tout bon citoyen, dont la volonté s'incline devant la souveraineté nationale, et l'intérêt particulier devant l'intérêt de tous. Là seulement, se trouvent, dès à présent, l'ordre et la liberté, et, pour l'avenir, la diminution des charges et l'amélioration du sort des malheureux ; là seulement est le salut de la France.

Mais si le salut public est dans la Constitution, il est aussi dans l'homme que nous devons élire pour la faire observer. Notre candidat doit donc avoir déjà fait preuve qu'il est dévoué à la Constitution de la République, qu'il est assez fort pour la défendre contre les prétendants et contre les anarchistes.

Citoyens, cette preuve est faite. Celui qui a combattu, dans les journées de Juin, la plus terrible des insurrections, et qui a sauvé la République, saurait combattre encore pour elle et la sauver. Celui qui n'est devenu ministre de la guerre que sur des ordres réitérés, qui, dépositaire de tous les pouvoirs, n'a eu d'autre ambition que d'obéir à la loi des majorités, à l'expression régulière de la volonté nationale, et qui, soit dans les conseils, soit à la tribune, s'est montré avec un esprit modérateur et résolu. Celui-là est digne d'être le premier serviteur de la République.

Pour elle, il a subi, avec honneur, au milieu des difficultés les plus grandes qu'on puisse rencontrer, la double épreuve du combat et des affaires. Sur la terre d'Afrique, dans les rues de Paris, sur le banc des ministres, partout on l'a vu courageux et dévoué, capable et modeste, simple et toujours à la hauteur de ses devoirs.

L'Assemblée Nationale, interprète de la France, a proclamé le 28 juin, *qu'il avait bien mérité de la Patrie.*

Dans sa séance du 25 novembre, elle vient par un ordre du jour motivé sur la proposition du vénérable Dupont (de l'Eure), et à la majorité de 503 voix contre 34, *de confirmer ce jugement solennel.*

A lui donc, à ce républicain éprouvé, au général *Cavaignac,* doivent appartenir nos suffrages.

Citoyens ! le salut de la Constitution démocratique, le salut de la France est entre vos mains. Comme nous, vous voulez l'affermissement de la République, la gloire et la prospérité de la commune Patrie, nommez avec nous le chef qui leur a donné tant de gages éclatants.

Croyez-le bien : voter pour un autre dont la candidature est l'espoir des ennemis de la République, serait voter pour une révolution et une guerre civile, pour la banqueroute et pour des ruines.

Nous sommes autorisés à annoncer, d'une manière positive, que les citoyens Bouguerel, Godard-Poussignol, Magnien-Philippon, Maire, Marechal, Monnet et Perrenet, représentants de la Côte-d'Or, voteront pour le général Cavaignac. Electeurs de la Côte-d'Or, ceux qui sont vos élus, ceux que vous avez investis de votre confiance ont adopté cette candidature dans l'intérêt de l'ordre et pour le salut de la République ; imitez leur exemple, votez pour *Cavaignac.* »

Ce sentiment était celui du Père Lacordaire, qui écrivait le 6 novembre à son ami Foisset : « Mon intention est de voter pour le général Cavaignac, malgré ses inconvénients. »

La majorité des électeurs du département de la Côte-d'Or et de la France entière ne répondit pas à l'appel qui lui était fait. Le scrutin pour la présidence de la République eut lieu à partir du 10 Décembre 1848, et le résultat de l'élection fut proclamé le 20 du même mois.

Celui qui nous avait sauvés, dit un historien (1) aux terribles journées de Juin, l'honnête homme, le grand citoyen n'avait obtenu que 1,500,000 voix. Le taciturne et mystérieux conspirateur, qu'on ne connaissait que par les folles tentatives de Strasbourg et de Boulogne, triomphait avec plus de 5,500,000 suffrages.

Avant de raconter le départ de Dijon de l'abbé Louvot, nous devons, avec lui, rendre hommage à deux mémoires qu'il honora de son pieux respect et qui lui furent toujours chères ; la première est celle de M. l'abbé Lacoste, mort à Dijon, en 1848, et la seconde celle de Mme de Saint-Seine, dont la carrière s'achevait trop tôt en 1851.

Depuis son retour à Dijon en 1827, l'abbé Louvot avait été en relation avec le vénérable abbé Lacoste, à la science ecclésiastique duquel il se plaisait à rendre justice et dont les conseils ne lui furent pas inutiles, plus tard, dans sa carrière d'orateur à Paris. Ce prêtre distingué du clergé dijonnais était né à Dijon,

1. Paul Dhormoy : *la Comédie Politique.* Paris, Firmin-Didot, 1886, page 3 et suivantes.

en 1762, sur la paroisse Saint-Pierre ; il était fils et petit-fils d'avocats. Il entra d'abord dans la congrégation de l'Oratoire, dont il fit partie jusqu'à sa dissolution. Il fut ensuite curé de Genève (1802), missionnaire, inspecteur de l'Académie de Grenoble (1809), vicaire général de Saint-Flour, chanoine et professeur au Grand-Séminaire de Dijon (1814-1818), inspecteur de l'Académie de Clermont (1818-1823), chanoine théologal, vicaire général de Dijon (1824-1831), succédant à M. Tournefort, devenu évêque de Limoges. Plusieurs évêchés lui furent offerts, dit-on, mais sa modestie les lui fit refuser ; il se retira sur la paroisse Notre-Dame où il mourut le 13 janvier 1848. Il est auteur d'un ouvrage estimé, en trois volumes, renfermant des plans de discours sur les vérités de la religion, que l'abbé Lacoste appelait ses *Canevas*.

Nous avons trop souvent entendu parler de ce prêtre éminent, par notre compatriote, pour qu'il nous soit permis de ne point l'associer à son souvenir comme il le fut toujours au sien.

Trois ans après la mort de M. Lacoste, la paroisse Notre-Dame faisait une perte bien sensible dans la personne de Mme de Saint-Seine, née de Rancy, qui mourait au mois de mai 1851, seulement âgée de quarante ans.

Dans un article publié le 15 de ce même mois par le *Courrier Républicain* de Dijon, l'abbé Louvot se faisait l'interprète de tous pour payer à la mémoire de cette grande chrétienne, un juste tribu de louanges. Nous ne relèverons, de cet éloge, que les deux passages suivants :

« Le nom de Madame de Saint-Seine est un nom béni de Dieu et des hommes ; il mérite d'être placé, dans les annales de la charité, parmi les noms des Tabithe, des Fabiola et des Pollalion, cette digne auxiliaire de Vincent de Paul. Ce n'est pas d'hier que nous connaissons toute la valeur de cette sainte chrétienne. Il y a bientôt vingt ans que, pour la première fois, nous l'avons surprise dans un grenier de difficile accès, pensant de ses mains une bien pauvre femme et réparant sa couche. . . . .

Heureusement la charité abonde dans le cœur de plusieurs de nos dames chrétiennes; leur devoir le plus doux sera de continuer son œuvre, de mériter que tous bénissent dans leur vie l'action de la religion qui ne sait, sur terre, que consoler et aimer. »

Trois années s'étaient écoulées depuis les événements politiques de 1848; l'abbé Louvot avait paisiblement repris ses occupations de vicaire, il pouvait croire que tout le bruit qui s'était fait autour de son nom était éteint, et que rien ne lui empêcherait de poursuivre sa carrière sacerdotale à Dijon, où le retenaient toutes ses préférences et toutes ses affections. Il ne devait pas en être ainsi. Nous n'avons ici à rappeler, que pour le constater, l'étonnement que produisit le coup d'État du 2 décembre 1851. Ce fut, parmi les républicains, comme un coup de foudre.

La journée du 2 décembre, dit un grave historien (1), sera comme celle du 18 brumaire, débattue dans l'histoire avec cette différence que, au 18 brumaire, la France n'avait plus ni lois, ni mœurs, et qu'elle demeurait sous le coup de la fusillade et la guillotine, tandis qu'au 2 décembre, les pouvoirs étaient librement exercés et régulièrement obéis. De ces deux journées, la seconde paraîtra toujours moins nécessaire que la première. L'effroi qu'inspiraient les doctrines socialistes facilita tout, excusa

<hr>

1. Mgr Besson, évêque de Nîmes : Vie du cardinal de Bonnechose. Voir correspondant 10 mars 1887, page 827.

tout, et fit regarder comme un sauveur, par l'immense majorité de la nation, celui que, dans des temps moins troublés, on eût appelé parjure. On lui appliqua, sans y regarder de trop près, l'axiome fameux : *Salus populi, suprema lex esto*. Mais on allait droit à la dictature et à l'empire et, sur bien des points, on restait plus démocrate que l'Assemblée.

Le Père Lacordaire, dont le langage, si plein de franchise et d'indépendance, dans la chaire de Saint-Roch, peu après l'événement, inspira tant de craintes pour lui à ses amis, écrivait à ce sujet le 31 décembre 1851, à son ami Foisset, à Dijon (1).

« Nous voici donc en plein despotisme militaire. Si ce n'était qu'un passage, peut-être pourrait-on s'en consoler ; mais il me semble impossible que la fin ne réponde pas au début. Le Président s'est mis dans l'impuissance de gouverner avec des formes modérées, et nous n'aurons probablement qu'une pâle copie de l'Empire, sans toiture, sans pierres, sans magistrature puissante, sans corps de noblesse ni de clergé, c'est-à-dire sans les garanties ni anciennes, ni modernes qui ont toujours, en France, réglé l'exercice du pouvoir. Si la France s'y habitue, c'en est fait d'elle... nous courrons au Bas-Empire ; si elle ne s'y habitue pas, ce sont des révolutions en perspective...

...Je ne vois rien de bon et de chrétien sortir, dans l'histoire, du despotisme militaire.

Je compris, ajoutait plus tard notre illustre compatriote (2) que j'étais aussi une liberté et que mon heure était venue de disparaître avec les autres. Beaucoup de catholiques suivirent une autre ligne et,

1. Lettres du Père Lacordaire, ouvrage cité, page 120.
2. Ibid. page CXXV.

se séparant de tout ce qu'ils avaient dit et fait, se jetèrent avec ardeur au devant du pouvoir absolu. Ce schisme, que je ne veux point appeler ici une apostasie, a toujours été pour moi un grand mystère et une grande douleur. L'histoire dira quelle en fût la récompense...

Notre abbé ne fut pas un de ceux qui méritèrent le reproche du Père Lacordaire. Ses opinions démocratiques ne furent pas ébranlées par le coup que venait de recevoir la république. On l'ignorait si peu à Dijon, qu'il fut accusé d'avoir porté ostensiblement ouvert, au scrutin, un bulletin de vote portant un *non* en gros caractères (1), Le fait était faux, mais ses paroles, en toute occasion, pouvaient, sinon justifier, au moins expliquer l'accusation. Personne n'ignore quelles furent les mesures prises à cette époque, par le pouvoir contre les républicains, dont on redoutait l'influence : La prison, l'exil, la déportation, rien ne leur fut épargné. Si on n'alla pas jusque-là envers notre compatriote, on voulut, toutefois, l'éloigner de la ville où il était, dans le parti démocratique, un adhérent écouté.

Dès le premier janvier 1852, l'abbé Louvot connaissait sa nomination à la cure de Marsannay-la-Côte qui était vacante par la récente retraite de son titulaire (2). Il ne fut jamais avéré publiquement que ce départ forcé eût été comme imposé à l'autorité diocésaine par le pouvoir civil, mais cela ne fit, non plus, jamais de doute pour personne.

Attribuant cette disgrâce, en partie, à l'accusation qu'on avait portée contre lui, au sujet du vote de décembre, l'abbé Louvot se faisait délivrer, le **14** janvier 1852, un certificat sur timbre, par M. Coutu-

---

1. Le vote se faisait, on s'en souvient, par OUI ou par NON.
2. M. l'abbé Chalochet.

rier, avocat, membre du Conseil municipal de Dijon, constatant que, membre du bureau pour l'élection, il avait reçu, *fermé*, le bulletin de M. l'abbé Louvot, et qu'il ne l'aurait pas accepté sans cela. Ce fut en vain, il fallut se résigner à quitter Dijon.

Ce qui prouve bien que ses supérieurs ecclésiastiques n'étaient pas libres d'agir autrement, c'est qu'ils lui assignèrent un poste à proximité de Dijon, chose qu'ils n'auraient pas faite si la mesure eût été prise par leur seule initiative. On voulait, par là, donner satisfaction au pouvoir civil sans trop mécontenter le vicaire. Ce dernier ne le comprit pas, ou au moins affecta trop de ne pas le comprendre. Nous devons dire, pour demeurer dans la vérité, que l'abbé quitta Dijon, non sans regret, mais aussi sans assez de soumission à l'autorité ecclésiastique Ses récriminations amères, pour ne pas dire injustes, visaient des personnages qui, nous l'avons vu, l'avaient soutenu, et qui ne pouvaient que gémir de la tournure que les choses avaient prise. Dans son ardeur, plus spontanée que prudente, il eut sans doute voulu les voir engager avec l'autorité civile en le maintenant à son poste, une lutte qui eût été sans profit et, à coup sûr, non sans danger.

Il faut, néanmoins, rendre justice à celui qui se considérait comme victime, en reproduisant la lettre suivante qui est toute à son honneur, et que lui adressèrent le 17 janvier 1852, les président, trésorier et secrétaire de la Société de Saint-Vincent-de-Paul de Dijon.

« Monsieur l'Abbé,

« Au moment où vous allez quitter Dijon pour remplir ailleurs de nouvelles fonctions et évangéliser d'autres âmes, qu'il nous soit permis de vous exprimer la bien vive douleur que nous fait éprouver une séparation aussi prompte qu'inattendue. Si la ville entière regrette en vous un prêtre d'un zèle ardent, d'un courage inébranlable, d'une infatigable activité, d'une charité sans bornes, la Société de Saint-Vincent-de-Paul perd un de ses membres honoraires les plus dévoués, un de ses plus bienveillants protecteurs.

« Nous n'avons pas oublié, Monsieur, qu'à sa fondation même, la conférence naissante vous a rencontré pour guider ses premiers pas. C'est sous votre direction, à la prison militaire, qu'elle s'est essayée à ses travaux charitables. Depuis cette époque, déjà loin de nous, vous n'avez pas cessé de lui montrer le plus vif intérêt et, tout récemment encore, vous n'avez pas craint d'ajouter aux fatigues de votre ministère des fatigues nouvelles, en lui apportant chaque semaine des paroles de science et d'édification.

« C'est un devoir pour nous, Monsieur, de vous en témoigner toute notre reconnaissance, de vous dire combien nous regrettons de voir s'interrompre des relations aussi anciennes et aussi précieuses, d'être privés, désormais, de l'enseignement de vos paroles et de celui, plus puissant encore, de vos exemples.

« Veuillez, Monsieur, recevoir tous nos remerciements pour vos bontés passées et agréer l'expression de nos plus vives et plus affectueuses sympathies.

« Nous sommes avec respect, Monsieur l'Abbé, etc., etc. »

L'abbé Louvot quitta Dijon au mois de janvier 1852 pour se rendre à Marsannay, village de près de 900 âmes, à cinq kilomètres au midi de Dijon, dans la côte, et auquel est annexé, pour le culte religieux, celui de Perrigny dont la population est d'environ 350 âmes.

Pendant les neuf mois qu'il occupa ce poste, le curé de Marsannay fit de fréquentes apparitions à Dijon, Il trouvait chez des parents et des amis une cordiale hospitalité dont il usait si largement qu'on aurait pu croire qu'il n'avait pas quitté la ville. Trop souvent ses sentiments de regrets se faisaient jour, avec une franchise, une indépendance et une amertume qu'il ne cherchait nullement à dissimuler. Malgré les nombreuses absences de Marsannay faites par leur curé, les paroissiens n'en apprécièrent pas moins la valeur du prêtre qui leur avait été donné et craignirent bientôt de ne pas le conserver longtemps. Il fallait en effet, à l'activité de notre compatriote, alors dans toute la force de l'âge, autre chose que les paisibles occupations d'un curé de village. Vainement avait-il essayé de se livrer, dans la solitude de son presbytère, à des études historiques, en se mettant en relations avec de savants auteurs (1), qui le faisaient admettre le 12 juillet 1852 au nombre des membres de la Société pour la conservation des monuments historiques de France, il lui fallait une vie plus active que celle du chercheur et de l'érudit. Il avait fait acte d'obéissance à ses supérieurs ecclésiastiques en se rendant à Marsannay ; il pouvait, après quelques mois, demander qu'on lui rendît sa liberté. Dès le mois d'août, il s'adressa à Mgr Rivet pour le prier de lui permettre, en quittant le diocèse de Dijon, d'aller se livrer ailleurs au ministère de la prédication. L'évêque de Dijon qui connaissait la nature et le caractère du curé de Marsannay, comprit ses raisons et fit droit à sa demande, d'autant plus volontiers qu'il aimait, on le sait, à éviter tout sujet de conflit et d'embarras dans son administration. Retenu malgré lui, l'abbé Louvot pouvait bien lui en

1. En particulier, M. Joseph Bard, de Demigny (Saône-et-Loire), qui avait des parents à Marsannay.

susciter. Il obtint donc de Mgr Rivet non pas un *exeat,* mais une simple lettre dimissoire, c'est-à-dire la faculté temporaire de quitter le diocèse de Dijon, pour aller exercer le saint ministère dans un autre diocèse. A peine avait-il quitté Marsannay, qu'il recevait des marques non équivoques de la sympathie qu'il y avait laissée. Un de ses anciens paroissiens, se faisant l'interprète de tous, lui écrivait : nous aimons à nous rappeler les doux moments que vous avez bien voulu nous sacrifier. L'affection que nous avons pour vous est de celles qui ne s'effacent jamais. Je ne vous dirai jamais assez combien vous êtes regretté dans la paroisse de Marsannay. Il n'y a qu'une voix pour dire que, quand vous viendrez, vous serez accueilli comme jamais personne ne le fut.

De son coté, M. l'abbé Batault, curé de Chenôve, son voisin, chargé par intérim de Marsannay, lui disait : Nous vous regrettons. Le temps, en nous permettant de vous mieux connaître, eût resserré des rapports qui n'eussent pas été sans charmes et qui me coûtent déjà à briser. J'ai ressenti les peines de votre bon cœur et ma sympathie pour vous n'en a été que plus prompte et plus vive. Jusqu'ici, je ne vous ai vu que de loin en loin, car je ne voulais pas troubler le silence de votre douleur, ni provoquer votre confiance avant d'être connu de vous. Je ne veux point pourtant vous laisser partir sans vous dire combien j'apprécie vos belles qualités et votre sensibilité trop méconnue parmi nous.

Après avoir hésité un instant entre Lyon qui l'attirait par les souvenirs de sa jeunesse et Paris qui lui offrait plus de ressources pour s'y créer une position, il se détermina pour cette dernière ville. Il s'y rendit le 5 octobre 1852. La vie de notre compatriote va entrer dans une nouvelle phase, toute différente des précédentes, qui lui permettra de donner libre carrière à sa vocation d'orateur chrétien, dans les plus grandes chaires de la capitale de la France.

En se présentant à Mgr Sibour, (1), de si tragique mémoire, il lui remit la lettre de son collègue l'évêque de Dijon. L'archevêque de Paris, l'ayant lue, témoigna sa surprise de ce que le prélat eût consenti au départ d'un prêtre qu'il recommandait comme l'un des plus distingués de son clergé. Je n'ai rien à vous cacher, Mgr, reprit l'abbé, il s'agit d'une question de politique, et, en quelques mots, il fit le récit des événements que connaît le lecteur.

Quand on vint à parler du poste que le vicaire dijonnais pourrait occuper à Paris, l'archevêque, ne voulant pas lui proposer un vicariat, lui demanda si une aumônerie de religieuses lui conviendrait. L'étamine est bien fragile pour moi, Mgr, dit l'abbé, peut-être qu'un ministère moins délicat rentrerait mieux dans mes aptitudes. Vous venez, ajouta le prélat, de me parler de vos débuts au collège Stanislas, en ce moment, je dois le pourvoir d'un aumônier, voulez-vous le devenir? J'y consens volontiers, Mgr. Il me sera doux d'y retrouver des souvenirs qui datent de vingt-cinq ans et qui ne sont effacés ni de ma mémoire ni de mon cœur.

Le 11 octobre 1853, l'abbé Louvot recevait de Mgr Sibour sa nomination au poste d'aumônier du collège Stanislas, qui était alors sous la direction de M. l'abbé Goschler. Il occupa ce poste pendant une année seulement, pendant laquelle il se livra, avec ardeur, au ministère de la parole, dans cette chapelle où, vingt ans auparavant, son compatriote, l'abbé Lacordaire avait, par ses premières conférences, attiré l'atten-

1. Marie-Dominique-Auguste (1792 1857), évêque de Digne en 1840, arch. de Paris en 1848.

tion publique. L'administration du collège ayant changé l'année suivante, l'aumônier la suivit dans sa retraite; il en profita pour commencer à Paris et ailleurs, les prédications et les stations qui occupèrent les dix-huit dernières années de sa vie active.

Nous le trouvons, à ses débuts, dans l'église Saint-Roch, pendant le Carême en 1853 et aux mois de juillet et août à l'église de la Madeleine où l'a appelé le vénérable abbé Deguerry. Il nous serait difficile de le suivre exactement ensuite, à travers les pérégrinations nombreuses qui signalèrent les quatre premières années de sa carrière de prédicateur. Citons en au moins quelques unes. En août 1853, son compatriote M. Victor Chocarne (1 attaché, à cette époque à l'établissement de Saint-Nicolas (2) lui demande quelques-unes de ces généreuses paroles qu'il sait si bien rendre sympathiques au cœur de la jeunesse. Au mois de novembre de la même année, il se rend à l'invitation de Mgr l'évêque de Châlons-sur-Marne qui l'appelle pour évangéliser les confrères de la Société de Saint-Vincent-de-Paul de son diocèse et établir, parmi eux, la pieuse coutume des entretiens spirituels. Je vous envoie, lui écrit le 5 novembre 1853, M. le chanoine Carron, un billet très flatteur de Mgr de Châlons; vous y verrez, avec plaisir, bien que vous ne cherchiez pas une vaine renommée, que le Prélat a apprécié, comme il convenait, votre excellent discours. Les fidèles ont fait de même, et vous apprendrez, avec bonheur, que la quête, pour les pauvres, s'est élevée à 1052 francs. M. le président de la conférence et ses confrères vous remercient, de

---

1. Né à Dijon, en 1824, M. l'abbé Chocarne est mort, en 1887, à Beaune où il fut curé de Saint-Nicolas, de 1860 à 1886.

2. Vaste établissement situé rue de Vaugirard, 112, et dont la succursale est à Issy. On y recueille les enfants pauvres pour leur donner, avec l'instruction professionnelle, l'éducation religieuse.

nouveau ; ils se félicitent de nos entretiens spirituels qui ont commencé le jeudi, après votre départ et qui continuent régulièrement. C'est à vous qu'ils le doivent.

Signalons seulement, parmi les prédications de l'année 1854, les succès de son digne et fructueux apostolat que constate le curé de la paroisse de Saint-Joseph à Paris. Il gagna, facilement, les sympathies de cette population ouvrière, qui lui témoigna sa gratitude dans une lettre pleine des plus affectueux sentiments.

Les heureux fruits de salut que l'apostolat du chanoine dijonnais avait produits à Châlons, le firent, de nouveau, désirer pour la fête de Saint-Vincent-de-Paul en 1854. Dès le mois de janvier de cette année. on lui faisait, pour l'engager, des propositions auxquelles il ne put donner une réponse affirmative, qu'après avoir renoncé à l'offre qui lui était faite par M. le ministre de l'instruction publique, d'un poste de confiance. M. l'abbé Carron, chanoine de Châlons, lui disait le 20 janvier : la conférence de Saint-Vincent de Paul me charge de vous renouveler ses remerciements. Elle désire vivement que vous veniez prêcher le panégyrique de son patron le 23 juillet prochain... J'ai dit à ces messieurs que le ministre de l'instruction publique vous pressait d'accepter l'aumônerie du Lycée de Lyon, que vous n'aviez pas encore pris de détermination à cet égard, et que par conséquent il n'était pas sûr que vous puissiez venir.

Il y alla cependant, car il n'accepta pas le poste qu'on lui offrait. Mgr Sibour lui en témoigna sa satisfaction en lui confiant le 16 août, de la même année, la direction spirituelle d'une importante maison d'éducation de jeunes filles, fondée par Mme Rey à Auteuil-Paris, rue Lafontaine. Pendant douze ans il donna ses soins à cette florissante institution qui recevait un grand nombre de jeunes personnes de bonnes familles de Paris pour y recevoir une éducation complète. Offices religieux, catéchismes, conférences, prédications, discours de circonstance, tel fut le ministère de l'aumônier qui trouva moyen de suffire à sa tâche, sans diminuer le nombre de ses prédications dans Paris, dans la province et à l'étranger. Il ne quitta même pas, plus tard, cette aumônerie, quand il fut chargé de celle de l'hôpital de la Charité qui a elle seule eût été capable d'absorber le temps et les forces de bien des prêtres moins actifs que lui (1).

L'année 1855 vit affluer, à Paris, un nombre considérable d'étrangers, à l'occasion de la première exposition universelle ; les pasteurs des paroisses profitèrent de cette circonstance, pour la sanctification des âmes, en faisant annoncer plus solennellement la parole de Dieu, dans leurs églises. L'abbé Louvot tut chargé par Monseigneur l'évêque de Tripoli (2) de prêcher la fête de St-François de Sales le 29 janvier et le Carême dans l'église de St-Thomas-d'Aquin ; l'archevêque de Paris le désigna pour prêcher l'avent à Saint-Eustache. Entre ces deux stations, il ne put selon sa coutume, prêcher celle du mois de Marie ; Mgr le cardinal, archevêque de Malines et Mgr l'évêque de Bruges l'avaient demandé pour faire des prédications extraordinaires aux conférences de Saint-Vincent de Paul dans les principales villes de la Belgique.

Anvers, Bruges et Louvain furent successivement évangélisés par lui. Le 21 avril, on lui écrit de cette

1. Il ne quitta l'aumônerie du pensionnat Rey qu'en 1866, quand sa santé fut ébranlée par une attaque du choléra.

2. Mgr Léon Sibour, 1808-1864, frère de l'archevêque de Paris, évêque, *in partibus infidelium* de Tripoli, évêque auxilliaire de Paris ; ancien curé de Saint-Thomas d'Aquin.

dernière ville : A la demande que je vous fais, au nom de nos conférences, vous entreprenez un long et fati-gant voyage ; vous mettez votre talent, votre zèle, votre éloquente parole et, mieux que tout cela, votre cœur de missionnaire, au service de nos pauvres ; vous nous faites passer de délicieuses heures dans votre agréable société.

Tous ces travaux apostoliques attirèrent sur lui l'attention de l'archevêque de Paris qui résolut de le mettre à la tête d'un des premiers hôpitaux de la grande ville. Mais avant de parler de cet important ministère nous avons un épisode à raconter.

On se souvient que l'empereur Napoléon III fit adresser à Dieu de solennelles actions de grâces pour la naissance du fils qui lui fut donné le 16 mars 1856. Trois mois plus tard, le 14 juin, cet enfant, sur lequel on avait fondé de si belles espérances, si peu réali-sées, était porté à Notre-Dame de Paris pour y être baptisé (1). L'empire était alors dans tout l'éclat de la prospérité, le cortège fut magnifique. Les digni-taires de l'Eglise, de la magistrature et de l'armée en rehaussèrent la pompe, par leur présence. On n'ignore pas combien, dans ces circonstances est envié l'honneur de faire partie du cortège, ce qui donne ordinairement droit d'assister aux réceptions officielles qui ont lieu, après la cérémonie. Le cha-noine Eglée, maître de cérémonies de la Métropole de Paris, invita l'abbé Louvot à porter la croix du chapitre (2). Malgré les motifs que ce dernier pou-vait invoquer pour décliner cet honneur, le gouver-

_____

1. L'enfant avait été ondoyé le jour même de sa naissance, et il ne s'agissait que de suppléer solennellement les cérémonies du baptême.

2. Le costume de chœur prescrit, était le surplis à la pa-risienne, sans barrette. L'abbé Louvot remplit le même office, en avril 1861, au sacre de Mgr Ravinet, évêque de Troyes.

nement de l'empereur ne l'ayant guère ménagé, il l'accepta. Un refus de sa part, à cette invitation officielle, ne pouvait rester ignorée de l'archevêque et eût nui aux bienveillantes intentions du prélat. Il fut d'ailleurs récompensé de cet acte de déférence, à la cérémonie même. Il y rencontra Mgr Rey, ancien évêque de Dijon, que ses quatre-vingt-trois ans n'avaient pas empêché de venir se joindre à ses collègues de l'épiscopat. Le prélat reconnut son chanoine, qu'il avait laissé jeune, à Dijon, en 1838, et qu'il retrouvait encore plein de vigueur, vingt ans après. Il traversa le cortège pour venir embrasser l'abbé Louvot et lui donner des marques de son estime et de son affection. Les deux amis se revoyaient pour la dernière fois, en ce monde; deux ans plus tard, Mgr Rey mourait à Aix, son pays natal, âgé de 85 ans.

Peu de temps après cette cette cérémonie officielle, il y avait une réception chez Mgr Maret, évêque de Sura, doyen de la faculté de théologie de Paris. L'abbé Louvot s'y trouvait en compagnie de nombreux ecclésiastiques.

La présence à Paris des évêques que l'on venait de voir au baptême du prince impérial, amenait naturellement la conversation sur chacun d'eux. On parla de Mgr Rey, et l'un des convives le fit en termes peu flatteurs. Notre abbé écoutait et se contenait avec peine. Quand le Père eut fini, car c'était un religieux, il se tourna vers lui en lui disant : Chaque jour, mon Révérend Père, on attaque de mille manières, les religieux de votre ordre: nous, prêtres séculiers, nous vous défendons en affirmant que l'on vous calomnie. Laissez-moi vous dire que tout ce que vous avez trop complaisamment accepté sur le compte de Mgr Rey et de son administration sont des imputations calomnieuses. J'en parle savamment puisque j'ai assisté à tous ces démêlés, et j'ose dire d'eux : *Quorum pars magna fui*. Cette riposte, dont nous ne pouvons pas rendre le ton, peint au vif notre compatriote.

Jusqu'à cette époque, l'abbé Louvot n'était encore, dans le diocèse de Paris, qu'en qualité de prêtre auxiliaire et n'était point agrégé à son clergé. Mgr Sibour, en le nommant moins d'un mois avant le terrible événement qui plongea l'église de Paris dans le deuil et le veuvage, premier aumônier de l'hopital de la Charité, l'admit au nombre des prêtres de son diocèse. Le lendemain de cette nomination, le 11 décembre 1856, M. l'abbé de l'Etang lui écrit de la paroisse Saint-Eustache : Successeur de M. Laroque, j'hérite de la direction de la confrérie de la sainte Vierge. J'ai trouvé, dans mon héritage, votre nom inscrit pour le mois de Marie 1857, et je m'en applaudis par l'estime que j'ai pour vos talents et pour votre personne..... Aujourd'hui, j'ai le plaisir de vous féliciter de votre nouvelle position. Vous voilà donc, *de gremio*, ce qui me donne un droit de plus de compter sur vous. Vous vous intéresserez davantage à un diocèse auquel désormais vous appartenez. Je désire que vous vous intéressiez en particulier à une paroisse qui vous aime, etc....

CHAPITRE III

L'aumônerie de l'Hôpital de la Charité. — Journée d'un aumônier. — Épisode d'Hôpital. — L'orateur à Paris, en province
et à l'étranger. — Analyse de discours.

L'hôpital de la Charité est le plus vaste des hôpitaux de Paris après l'Hôtel-Dieu. Il est situé à l'angle
des rues Jacob et des Saints-Pères, et renferme dans
les nombreux bâtiments qui le composent d'immenses salles où dix mille malades se succèdent chaque
année. Le service religieux était fait, en 1856, par
deux aumôniers résidant dans l'hospice et le soin
des malades était confié à des religieuses Augustines (1), hospitalières de l'Hôtel-Dieu de Paris.

1. Les journaux de Paris annonçaient, il y a quelques jours,
que le conseil de surveillance de l'Assistance publique, obéis-
sant aux injonctions du Conseil municipal de Paris, avait
ordonné la laïcisation de l'hôpital de la Charité, l'un des trois
seuls qui fussent entre les mains des religieuses. Le 23 janvier
1888, les sœurs furent remplacées par des infirmiers laïques,
ce qui occasionnera pour l'Administration un surcroît de
25,000 fr. de dépenses.
Les religieuses reçurent, avant leur départ, deux lettres des
plus illustres représentants de la science médicale, dans les-
quelles les médecins et les chirurgiens de la Charité disent :
« Tout ce que nous avons tenté pour conserver à notre hôpital
les sœurs Augustines est demeuré inutile... La vie de la religieuse d'hôpital est au-dessus de tout éloge; elle est l'expression
la plus pure du dévouement et du sacrifice. »

C'est dans cet immense hôpital, dont il fut, pour nous servir des expressions de Mgr de Ségur, chanoine-évêque de Saint-Denis (1), l'ardent apôtre pendant quatorze ans, que l'abbé Louvot va désormais exercer son zèle.

Sait-on ce qu'est la journée d'un aumônier d'hôpital à Paris ? En voici un aperçu : A cinq heures, en toute saison, l'abbé Louvot se levait, et, après avoir accompli ses exercices de piété, descendait à la chapelle pour dire la messe, soit à six heures, soit à huit heures. La visite des malades par les médecins ayant lieu de sept à huit heures, l'aumônier faisait, pendant ce temps-là, à la chapelle, un premier office pour les défunts qu'on y apportait avant de les conduire au cimetière. A dix heures avait lieu la première visite de l'aumônier aux malades, pour confesser et administrer ceux qui étaient en danger de mort. L'après-midi était occupée par une seconde tournée dans les salles et par des convois qui se succédaient à la chapelle à toute heure et qui arrivaient régulièrement plus nombreux à trois heures. Si on ajoute à cela qu'à toute heure de la nuit, et principalement en temps d'épidémie, ce qui est assez fréquent dans les hôpitaux de Paris, l'aumônier est appelé au chevet des mourants, on comprendra que ce poste n'est pas une sinécure.

Il n'est pas possible de raconter, ne fut-ce qu'en abrégé, tous les épisodes douloureux ou consolants qu'un aumônier d'hospice voit se dérouler sous ses yeux, pendant près de quinze années de ministère. Qu'il nous suffise d'en citer, comme exemples, deux ou trois dont nous avons été témoins,

Au milieu de chacune des salles de l'hôpital est érigé un petit autel. De son lit de souffrance, le

2. Lettre à l'abbé Louvot, du 15 juillet 1862.

pauvre malade peut à chaque instant, contempler l'image du Sauveur crucifié, qui lui apporte le pardon et celle de la vierge Marie, si bien appelée, le salut des malades et le refuge des pécheurs.

Quand arrive l'aumônier, il jette les yeux sur une liste placée, par la religieuse, sur l'autel. Ce sont les noms et les numéros des malades les plus en danger de mort. Qu'est-ce que le n° 27, ma sœur? — Un homme de quarante ans environ, qui ne passera peut-être pas la journée. — Dites votre *Ave maria* ma sœur, je vais le confesser. — Mais, Monsieur l'aumônier, cet homme est bien mal disposé, il faudrait peut-être..... — Récitez votre *Ave*, j'en fais mon affaire. S'approchant du lit où agonise un malheureux ouvrier de Paris, l'abbé Louvot lui tint ce langage : Mon ami, on me dit que vous êtes bien souffrant, et j'en suis affligé. Croyez-moi, il faut avoir recours au bon Dieu, lui seul peut vous soulager et peut être vous guérir. Je vais vous confesser, vous verrez comme vous serez consolé... Ah! M. l'aumônier, comme çà m'emb... Et d'un ton qui ne supporte pas de réplique, lui de répondre : Et vous croyez que cela m'amuse? Si je viens près de vous, c'est parce que je crois que vous êtes chrétien et que vous ne voulez pas perdre votre âme. Sans l'intérêt que je vous porte, croyez que je préférerais être chez moi au lieu d'être à votre chevet. Puis, sur un ton plus doux, il ajoute : Pensez, mon ami, à votre mère et à ses pieux conseils, au jour trois fois béni de votre première communion, et ne refusez pas le ministère consolateur du prêtre qui vous aime et qui vous apporte le pardon de la part de Dieu. Et la confession commençait. Cette scène, me disait l'aumônier, avec des variantes, se renouvelle chaque jour. Mais, lui disais-je, quand vos malades sont confessés, que faites-vous ensuite pour eux? Mon

ami, me dit-il, tous ceux que je puis aborder sont
confessés et reçoivent l'absolution ; un grand nombre
sont administrés, mais je trouve trop rarement chez
eux les dispositions suffisantes d'instruction, de
repentir et d'amour de Dieu pour leur donner la
communion. D'ailleurs, si leur confession est bonne,
strictement elle suffit; si elle est mauvaise, elle est
de trop.

Voici un trait qui nous prouvera que l'aumônier de
la Charité ne négligeait rien pour préparer à la communion ceux de ses malades qui voulaient s'y dis-
poser.

Une année, pendant qu'il portait dans les salles la
communion pascale à ceux qui n'avaient pas pu se
rendre à la chapelle, il aperçut un vieillard qui pleurait. S'étant approché de son lit, il lui demanda si
c'était le regret de ne pas avoir participé, comme les
autres, au banquet eucharistique, qui lui faisait ver-
ser des larmes. Ah! M. l'aumônier, je voudrais bien
aussi communier, mais cela m'est impossible. Et
pourquoi donc, mon ami, ne suffit-il pas de le vouloir
et de s'y préparer? Mais je n'ai pas fait ma première
communion. — Raison de plus pour ne pas tarder
davantage. Et, à partir de ce moment, on voyait
chaque jour l'aumônier instruire ce vieil enfant qui
versa encore des larmes, mais des larmes de joie, et
non plus de regret, quand, pour la première fois, il
reçut son Dieu.

Je termine ces citations par le récit d'un fait dont
j'ai été témoin en 1864. C'était dans une après-midi,
à la chapelle, l'aumônier venait de réciter les prières
des morts pour trois défunts qu'on allait transporter
à leur dernière demeure. Avant le départ, il monte à
l'autel et y prend un grand crucifix de deux pieds
de haut, qui offre aux regards, d'une manière
très sensible, le grand mystère de la Rédemption.

Il se rend à la table de communion et harangue, à peu près en ces termes, une centaine d'ouvriers parisiens qui assistent aux obsèques d'un de leurs camarades : Mes amis, tous les jours on vous parle de liberté, peut-être avez-vous jadis planté vous-mêmes un arbre de la liberté. Tenez, croyez-moi, voilà le vrai. C'est celui qui nous délivre de la pire des servitudes, celle de nos passions, et qui nous procure la liberté la plus précieuse, celle des enfants de Dieu. Venez, comme aux jours heureux de votre enfance, venez, comme vous l'ont appris vos dignes mères, venez adorer la croix, en priant pour vos braves camarades que j'ai réconciliés avec le bon Dieu avant leur mort. Et tous ces hommes se regardent étonnés, se retrouvent un instant chrétiens, et viennent baiser la croix que le prêtre leur présente, en accompagnant les paroles liturgiques de ces mots : C'est bien, mes amis, le bon Dieu vous bénira.

Ces quelques exemples suffiront pour nous montrer comment l'aumônier de la Charité savait profiter de toutes les occasions pour se rendre populaire et faire du bien aux classes ouvrières, si prévenues contre la religion et ses ministres.

C'est surtout en temps d'épidémie, que le zèle et le dévouement des aumôniers d'hôpitaux doit s'exercer. Le choléra, qui fait tant de victimes quand il sévit au milieu des populations nombreuses, est presque toujours en permanence dans les hospices de Paris ; mais, quand il règne en maître dans la grande ville, ces derniers regorgent de morts et de mourants. C'est ce qui arriva en 1865. Les immenses salles de la Charité ne pouvaient plus suffire à contenir les malades, on avait dû établir partout des salles supplémentaires pour les abriter. Nuit et jour les deux aumôniers étaient au chevet des mourants, prodiguant à tous les consolations de la religion.

Malgré sa robuste constitution, le premier aumônier déjà âgé de 60 ans, succomba à la peine et à la fatigue. Il fut soudainement atteint par le fléau au mois de septembre. Il s'était préparé à mourir et son sacrifice était fait. Dieu ne l'accepta pas. Il le réservait pour d'autres travaux et d'autres épreuves. Ce fut une joie dans l'hôpital, quand on apprit sa convalescence ; le 28 décembre 1865, le Directeur de l'Assistance publique de Paris lui écrit une première lettre pour le féliciter d'être hors de danger et lui souhaiter, promptement, un complet rétablissement, dont ses malades ont tant besoin. Quand l'aumônier a repris son laborieux ministère, le même Directeur lui adresse le 25 mars 1866, une seconde lettre où il lui dit : « Vous avez su, M. l'abbé, alors que nos médecins et nos élèves prodiguaient leurs soins aux pauvres malades, atteints par le fléau, soutenir et ranimer le moral de ces malheureux, en venant à leur chevet, leur apporter la consolation, si précieuse de la religion. Quel contraste entre ce langage si digne et si chrétien, et celui des membres de cette même Assistance publique de Paris, en 1888, qui chassent les aumôniers et les religieuses des hôpitaux, et enlèvent de l'asile de la souffrance les emblèmes si consolants de la religion ! Enfin, le 25 avril de la même année, M. le Ministre de l'agriculture, du commerce et des travaux publics, dont relevait l'Assistance publique, écrivait à l'abbé Louvot une lettre pour constater les efforts et le zèle de l'aumônier de la Charité et l'en remercier. Ces efforts et ce zèle ne se renfermaient pas dans les limites, cependant assez vastes, de l'hôpital de la Charité, mais rayonnaient dans la ville elle-même. Ses nombreuses prédications l'avaient fait connaître dans Paris, et lui avaient attiré, comme en Bourgogne, la réputation de pouvoir aborder facilement les malades les plus difficiles à préparer à la réception des derniers sacrements. Aussi n'était-il pas rare qu'on le demandât pour assister un père, un frère, un parent, un ami, qui ne semblaient pas devoir accepter facilement le ministère d'un prêtre. Nous avons sous les yeux les preuves les plus touchantes de la reconnaissance qu'on lui témoignait pour l'accomplissement de cette œuvre de miséricorde. En 1867, mourait à Paris un savant chirurgien qu'il avait vu souvent près du lit des malades de la Charité; il le savait bon et généreux, il voulut le voir chrétien à ses derniers instants, il alla le visiter et ne le quitta que réconcilié avec Dieu (1).

Malgré tant de travaux apostoliques et un ministère si actif, l'abbé Louvot trouva encore moyen d'être, pendant vingt ans, l'un des orateurs en renom de Paris. Chaque année, grâce au concours du second aumônier de la Charité qui le remplaçait pendant ses stations, il prêchait régulièrement l'Avent, le Carême et le mois de Marie, dans une des grandes paroisses de la capitale. Dans l'intervalle des stations qu'il prêchait quelquefois dans deux églises à la fois, à des jours différents, on le demandait pour des panégyriques de saints, des sermons de charité et des discours de circonstance. Je sais, lui écrit le curé de Saint-Eugène, en février 1858, que vous prêchez à la Trinité, mais cela ne vous empêchera pas de venir nous prêcher, à Saint-Eugène, pendant ce carême, les lundis, mercredis et vendredis. Vous savez combien vous serez goûté à notre paroisse et le plaisir que vous nous ferez. Je compte sur votre dévouement.

Je vous remercie, lui dit-on en avril 1861, des huit cents francs qu'a produit le sermon de charité

1. Le Dʳ Velpeau, chirurgien de Iʳᵉ classe à l'hôpital de la Charité. On lui a élevé, en 1887, ainsi qu'aux Dʳˢ Trousseau et Bretonneau, une statue à Tours.

que vous avez bien voulu prêcher à Saint-Germain-des-Prés en faveur de notre œuvre. Nous espérons que vous pourrez visiter cet établissement bien utile dont vous êtes un des fondateurs (1). Vous avez agi pour l'amour du bien et, par conséquent, pour le bon Dieu. Il était, à cette époque, puissamment encouragé dans son apostolat par le nouvel archevêque de Paris, Mgr le cardinal Morlot, qui l'avait connu à Dijon, en 1830, quand il y était vicaire général (2).

Nous ne pouvons pas nous dispenser d'étudier l'abbé Louvot comme orateur.

Nous ne surprendrons personne en disant qu'il avait une merveilleuse facilité d'élocution au service de laquelle venait se mettre une imagination vive et brillante. L'orateur usait de ces dons précieux, mais n'en abusait pas. A côté de ces dons, nous trouvons chez lui le travail, cet aide indispensable et sans lequel les plus beaux talents finissent bien vite par dégénérer. L'abbé Louvot lisait et écrivait beaucoup. Il lisait les grands orateurs et surtout son compatriote Bossuet, qui valait à lui seul, disait-il, toute une bibliothèque. Il se l'était assimilé et ses discours étaient émaillés de nombreuses citations de ce maître de l'éloquence chrétienne. Il écrivait, en substance, tous ses sermons, ne voulant pas se livrer entièrement aux entraînements de l'improvisation, et voulant, au contraire, témoigner par ce travail, de son respect pour la parole de Dieu. Ce labeur, auquel il s'adonna pendant plus de quarante années, nous explique le nombre vraiment considérable de manus-

1. La maison des religieuses de Créancey (Côte-d'Or).
2. François-Nicolas-Madeleine Morlot (1795-1862). Successivement vicaire à Saint-Bénigne, à Dijon; vicaire capitulaire; évêque d'Orléans en 1839; archevêque de Tours; cardinal-archevêque de Paris, en 1857.

crits qu'il a laissés (1). Malheureusement, ce ne sont que des projets jetés hâtivement sur le papier, chargés de ratures et de corrections et tracés d'une écriture tellement rapide qu'ils sont bien difficiles à lire. Sa pensée, qui devançait de beaucoup sa parole, devançait davantage encore sa plume, quelle qu'en fût la rapidité. Il se proposait, il me l'a dit, de revoir tous ses manuscrits et de leur donner une meilleure forme ; mais quand il eut les loisirs pour le faire, ce travail était au-dessus des forces d'un vieillard accablé d'infirmités.

Il nous serait donc difficile de juger l'orateur d'après ses manuscrits ; heureusement que nous avons plusieurs de ses discours imprimés. Quelques-uns ont été recueillis par la sténographie, d'autres ont été revus par l'auteur pour l'impression, après qu'ils furent prononcés. Je les trouve dans plusieurs numéros (1853-1870) de la revue mensuelle intitulée : *L'Enseignement catholique, Journal des Prédicateurs,* (*Tribune sacrée*), qui m'ont été envoyés par l'abbé Louvot lui-même. Ils figurent, dans ces pages, qu'ils ne déparent point, à côté des écrits des orateurs les plus renommés de notre époque : M. l'abbé Freppel, Mgr Dupanloup, le P. Félix, le P. Ventura, Mgr Gerbet, l'abbé Combalot, le P. Lavigne, le P. Pététot, le P. Montsabré, l'abbé Duquesnay, le P. Didon, etc. etc.

Nous devons en donner quelques extraits qui, mieux que toute analyse ou compte-rendu, donneront une idée du genre oratoire de notre compatriote.

Ecoutez cette description du temple chrétien, dans un sermon pour la fête de la Dédicace (2).

---

1. Ils ont été remis, après sa mort, à M. l'abbé Golmard, vicaire à Saint-Michel, de Dijon, qui l'assista à ses derniers moments.

2. De la sainteté du temple matériel et du temple spirituel *d'après* un sermon de M. l'abbé Louvot. *L'Enseignement catholique*. Novembre, 1857, page 702.

« Ces tours majestueuses, ces élégantes tourelles si pleines de grâce qui flanquent le monument, nous disent l'action simultanée de la miséricorde et de la puissance de Jésus-Christ, pour nous protéger, nous hommes coupables, contre les traits de la justice divine ; elles nous disent encore quelle est la vigilance des pasteurs à qui est confiée la garde de nos âmes. C'est de leur enceinte que s'élève la grande voix d'airain qui annonce l'heure des solennités saintes, des joies bénies de Dieu, et aussi du deuil, des larmes, des expiations publiques. Cette flèche qui perce les nues, symbole de l'élan des âmes vers Dieu, n'est-elle pas comme le porte-voix de la créature qui, du fond de la vallée des larmes, crie vers le Père des Cieux ? La croix qui la surmonte étend ses grands bras sur la demeure des hommes. Dieu peut lancer ses foudres, elle protège le monde ! Le portique où avait lieu, dans les premiers siècles, la génération des âmes par le baptême, où se tenaient ceux qui étaient soumis aux épreuves de la pénitence, nous empêche d'oublier qu'il n'y a que deux voies pour arriver au ciel : celle de l'innocence ou du repentir. Quelle leçon salutaire donnée à tous, aux riches, aux pauvres, aux rois, aux peuples, aux prêtres, aux fidèles, par ces scènes d'espérance ou de terreurs sculptées, avec tant d'énergie et de vérité sur les tympans des portes, et aussi par cette couronne de saints qui ornent les voussures des archivoltes, qui font une même famille avec les anges ! Là, les pêcheurs de Génezareth, les faiseurs de tentes, les pâtres et même les esclaves ont le pas sur les maîtres du monde, devant celui qui ne consacre d'autre diadème que celui de la vertu !

Et des hommes qui appartiennent à la France, cette patrie des arts, des hommes qui avaient reçu le baptême du Christ, les petits-fils des héros des catacombes ont, dans des jours qu'ils ont nommés des jours de liberté, mutilé cette hiérarchie du véritable mérite.

Ils ont frappé du marteau sacrilège à la face de leurs ancêtres, de leurs pères, et essayé de réduire en poudre ce que les Vandales avaient respecté, je ne dis pas assez, vénéré ! Ils ne se sont pas même arrêtés devant la croix qui a vu les barbares, ces insulteurs des gloires de Rome païenne, s'agenouiller devant elle ! ils l'ont fait descendre du comble où elle projetait sur tous de si doux rayons, pour la fouler aux pieds ! Heureusement qu'ils n'ont pas pu escalader le ciel, ces insensés, ni faire cesser de battre le cœur de ce Jésus, dont les bras sont toujours levés pour les bénir, et qui, pendant cet autre crucifiement, répétait ces paroles du Calvaire : Pardonnez-leur, ô mon Père, ils ne savent ce qu'ils font ! *Pater, dimitte illis, nesciunt quid faciunt...* »

Après avoir montré, dans la seconde partie, que notre âme est le seul temple saint, dans sa rigoureuse acception, puisque seul il est capable de connaitre Dieu et de l'aimer ; il offre, dans la troisième, à nos regards, Jésus-Christ qui vient habiter nos temples matériels, uniquement pour restaurer nos âmes d'une restauration de lumière, de vertu toute divine.

« Parlez donc, parlez seul dans ce temple, ô Jésus, vous n'avez pas besoin, pour illuminer nos âmes, les faire passer des ténèbres à la lumière, des efforts de l'éloquence humaine, vous ne réclamez qu'une chose, c'est qu'on vous laisse parler. L'unique mission de l'apostolat, c'est de faire parler Jésus-Christ, et l'illumination de vos âmes prouve qu'il comprend sa mission. Si vous connaissez Dieu comme il veut être connu, c'est que Jésus-Christ, qui seul a cette connaissance parfaite, vous a fait part de ses lumières par le ministère de l'apostolat ; si, par une sublime synthèse votre âme à l'intuition de tous les mystères révélés par Dieu depuis l'origine, si elle les fixe d'un regard assuré pour en adorer les profondeurs, c'est qu'elle est investie des clartés du verbe de Dieu, qui l'a comme identifiée avec sa science, dit saint Augustin, par l'enseignement de la chaire catholique, *Cum veritati adæret, sicut veritas efficitur* (Saint Augustin) . . . .

Pour achever son œuvre *(restauration de vie divine pour les âmes)*, Jésus-Christ veut communiquer à ce temple sa propre vie, le diviniser ! Et comment s'accomplira ce prodige ?

Ce prodige des prodiges de l'amour infini sera le prix du sang, la vie divine n'abondera dans les âmes qu'autant que les entrailles de Dieu demeureront déchirées et ses veines toujours ouvertes. Si, selon la pensée de Bossuet, Jésus-Christ qui a versé son sang sur le Calvaire, veut que la source en soit intarissable, que le fleuve de sang coule toujours à pleins bords, c'est que ce fleuve est celui de la vie. *Quoniam apud te est fons vitæ* (Psal.). »

Il passe rapidement en revue les sacrements et termine ainsi : « Et quels sont ces hommes qui, dans la fleur et la beauté de la jeunesse sont couchés sur les dalles, au pied de l'autel, comme des victimes que le glaive va frapper et dont on n'a plus qu'à préparer les funérailles ? Gardez vos larmes, ne pleurez pas sur ceux qui, en échange de l'holocauste qu'ils font d'eux-mêmes au Seigneur Jésus, reçoivent dans leur âme une consécration si sainte, un caractère si suréminent qu'on ne les trouve dans leur type qu'en Jésus-Christ. Ce sont là vos prêtres, vos pontifes, vos apôtres, ceux que le sang à fait d'autres Christ, d'autres Rédempteurs. De par le Christ, ils ont le pouvoir d'engendrer vos âmes à la vie divine, de les conserver dans la vie divine, de

leur ouvrir les portes du temple de l'éternelle vie.
Jamais un tel pouvoir avait-il été donné à des
hommes? Le sang de Jésus-Christ pouvait seul le
leur conférer dans le sacrement de l'ordre!. . . .

. . . . . .: Sachez que nous sommes les ministres
de Jésus-Christ et les dispensateurs de son sang
pour la vie des hommes.

Ne demandons pas alors où va le ministre de
Jésus-Christ, ce bon pasteur qui porte sur sa poitrine
le corps et le sang de Jésus-Christ, et entre ses
mains le sang purificateur : il va enlever jusqu'aux
dernières taches de l'âme de l'homme mourant, et
lui donner pour viatique le pain de vie éternelle.
Ecoutez comme sa voix est touchante quand, pour
laver l'âme des souillures qu'elle a reçues au contact
du corps, il dit à l'homme : Mon frère, tes yeux se
sont laissés tromper par la figure de ce monde, qui
pour toi n'est plus! Le sang purifie tout, ne crains
pas de les fixer vers le ciel. Tes oreilles, tu les as
ouvertes aux maximes du monde, aux séductions de
ses fêtes où tu n'apparaîtras plus. La croix purifie
tout, bientôt tu entendras la voix de celui qui est ton
juge et aussi ton sauveur. Tes lèvres ont distillé des
paroles trompeuses, peut-être même, dans un jour
de délire, tu as insulté le Seigneur et son Christ?
Son sang purifie tout! Dans un instant, tu vas publier
avec les justes les miséricordes éternelles. Si le
repentir était exclu du ciel, il serait comme un désert.
Tes mains, elles ont amassé avec avidité des trésors
iniques que tu vas laisser! le sang purifie tout! et il
te suffit pour obtenir des trésors que rien ne peut
ravir. Tes pieds se sont lassés de la voie de l'injustice,
du scandale ; ainsi que la brebis frappée par la dent
du loup, tu es incapable de regagner le bercail que
tes gémissements réclament : le sang guérit toutes
les blessures! J'ai mission de te placer sur mes

épaules et de te déposer sur le sein même de Jésus-Christ, l'éternel pasteur. Ton cœur, il a tout aimé, tout, excepté Dieu. Mon frère, donne à ce Dieu le dernier battement de ton cœur; pourrais-tu ne pas l'aimer, quand lui-même vient te couvrir de ses larmes et de son sang pour te rendre à la vie divine, puis prendre possession de ton âme pour la conserver lui-même pendant l'éternité? Le voilà ce Sauveur, cet agneau de Dieu, qui efface les péchés du monde. *Ecce Agnus Dei*, ouvre-lui ton âme avec amour et confiance, avant de mourir, reçois ce gage de vie éternelle, *Accipe viaticum*. Expirer sur le sein de celui qui est le Dieu de la vie, est-ce donc mourir? C'est des rives du temps, s'écouler dans l'océan de la béatitude infinie où tout est éternel, et le temple et le Dieu du temple, et la louange et les hymnes de ses adorateurs. Méritons, en conservant dans nos âmes la vérité, la vertu, la vie, d'être du nombre de ces heureux adorateurs. »

Dans un sermon prêché, le jour de la Toussaint, à Saint-Augustin (1). L'abbé Louvot s'attache à montrer que Dieu, qui a associé les saints, dans le ciel, à sa gloire et à sa béatitude éternelles, entend qu'ils reçoivent encore de la terre une glorification accidentelle, il est vrai, mais qui ne leur fait pas défaut.

.....A leur mort (des Saints), commencent pour eux non seulement les gloires et les béatitudes du ciel, mais des siècles; que la terre le veuille ou ne le veuille pas, il faut que ses échos répètent les arrêts du Dieu de l'éternité, qu'elle ajoute aux gloires et à la félicité de ses élus.....

« Montrez-moi donc, je ne dis pas des sépulcres, mais des trônes aussi glorieux que les catacombes, les amphithéâtres, où chaque parcelle de poussière

1. L'*Enseignement catholique*, octobre 1869, page 601.

est une relique de ces héros du christianisme qui l'emportent en grandeur d'âme, même sur Léonidas et ses trois cents de Sparte, si héroïques cependant?

Les voyageurs accourent des quatre vents, et quelque soit leur croyance, tous se découvrent et s'agenouillent sur ce sol sacré qui a bu le sang des véritables libérateurs des peuples! Et ce culte qui date de vingt siècles n'est pas près de finir. *Gloria eorum non de relinquetur* (Eccl. XLIV, 13).

Pour rendre célèbre une contrée et même la plus humble bourgade, il suffit qu'un saint ou une sainte y soient nés, y aient dressé leur tente. Un pâtre comme Vincent-de-Paul, une bergère comme Geneviève, exercent le même prestige que les plus illustres des papes et des princes, car la sainteté n'a d'autre niveau que la croix. Celui d'entre les saints qui a le plus de ressemblance avec Jésus-Christ, fut-il le dernier dans la hiérarchie sociale, celui-là est le plus grand aux yeux de l'Eglise et de Dieu. . .

Dans le ciel, la félicité des élus, dit saint Thomas, c'est l'état parfait dans l'ordre surnaturel. C'est, pour l'intelligence, la claire vue de Dieu, vérité souveraine.

C'est, pour le cœur, la possession du Dieu bonté, beauté et amour infinis.

Dieu bonté se livre au cœur des saints avec tous ses irrésistibles attraits, toute la plénitude de son amour. Et ne cherchons pas, dans ce monde d'illusion, de déception, quelque image de cette bonté, de cette beauté, de cet amour qui transportent les bienheureux. Qu'est-ce donc que la bonté purement humaine? Un fruit sans maturité. Qu'est-ce que la beauté dont s'éprennent les mortels insensés? Une fleur qui n'apparaît qu'au milieu des épines et aussitôt flétrie qu'épanouie. Qu'est-ce que l'amour le plus réel? Une lampe qu'un souffle éteint, une source qui se perd dans les sables. Et c'est Dieu lui-même, dit saint Bernard, Dieu bonté suprème, beauté éternelle, qui, dans le ciel, est la possession des Saints. C'est son amour infini qui embrase leur cœur, et leur communique, en même temps, une si grande puissance d'aimer qu'ils n'ont pas, en présence d'un objet si digne de leur amour, d'autre crainte que celle de ne pas assez l'aimer. O que grande est leur félicité. *O Vos felices dicimus.* »

Voici des pages touchantes sur la naissance du Sauveur des hommes (1) :

« .....Ce mystère vous étonne ? Il est d'un Dieu d'étonner le monde, et puisque c'est par un prodige d'abaissement qu'il veut débuter, tombons à genoux aux pieds de la crèche, pour adorer, dans l'enfant de Bethléem, le Verbe fait chair !

Tout épouvanté des abaissements du Fils de Dieu, Bossuet s'écrie : Quelle chute ! Il tombe du sein de son Père dans le sein d'une Vierge, du sein d'une Vierge dans une étable, d'une étable sur un gibet, puis dans le sépulcre ! Qu'y a-t-il au dessous ?

Le verbe de Dieu fait servir toutes ses chutes, qui sont incommensurables, à expier et à réparer les désordres de l'orgueil qui ne veut pas d'un Dieu humilié ; les désordres de la cupidité qui ne veut pas d'un Dieu pauvre ; les désordres de la sensualité qui ne veut pas d'un Dieu souffrant. . . . .

Les anéantissements du Dieu de l'étable eurent pour résultat inévitable la réprobation de toutes les tyrannies, qui pesaient, d'un poids si lourd, sur les peuples. Avant Bethléem, quel navrant spectacle à contempler que celui des multitudes foulées par des maitres qui avaient pour sceptre un glaive, pour

1. La Nativité. Les abaissements du Verbe, sermon prêché à l'église Saint-Eustache par M. l'abbé Louvot. L'*Enseignement catholique*. Décembre 1869, page 700.

ministres des luteurs et pour maxime que l'humanité
était le lot d'un petit nombre : *Pro paucis humanum
genus* (Tacite).

Qui a brisé la force des forts, des oppresseurs ? Ah !
ne l'oubliez pas ou vous mériteriez de devenir les
esclaves des hommes d'ambition et d'orgueil, cette
œuvre est celle du Christ qui, de sa crèche, a fait
entendre aux princes de la terre ce langage nouveau :

« Celui qui, parmi vous, voudra être le plus grand,
qu'il soit le serviteur de tous; celui qui aspirera à
être le premier d'entre ses frères, qu'il soit leur
esclave, car le Fils de Dieu n'est pas venu pour être
servi, mais pour servir et donner sa vie pour tous les
hommes. »

Et ce langage, et cet exemple n'ont pas été stériles.
Ils ont donné au monde ces bons princes, les délices
et les pères des peuples qui ne franchissent les degrés
du trône, ainsi que le pontife ceux de l'autel, que
pour se sacrifier au bonheur de tous; c'est de la
crèche que part le mot d'ordre qui sauve les nations
et ceux qui les gouvernent.

.....Pour arracher du cœur des riches tout esprit
de convoitise, il fallait autre chose que les stériles
maximes de la sagesse humaine. Non, elles ne pouvaient pas mettre fin aux fascinations de la fortune
qui vous persuade, ô riches, que vous vous incor-
porez ce que vous possédez, que vous occupez, en ce
monde, la place qu'occupent vos palais, vos immenses
domaines, comme si tout cela ne faisait qu'un avec
vos personnes; mais comment résister à l'éloquent
prédicateur qui a pour chaire une crèche, qui, possédant tout, s'est jeté aux extrémités opposées en se
dépouillant de tout, et qui vous dit avec une conte-
nance assurée :

Si vous voulez être sauvés, il faut, par l'acte
d'une énergique volonté, vous débarrasser de tout

ce bagage et passer par la crèche, il n'y a pas d'autre voie qui conduise au ciel.

Qu'est-ce à dire? Faut-il donc jeter votre or dans les flots ou aux pieds des Apôtres? Gardez tous vos trésors, mais sans y attacher votre cœur. Répandez votre superflu sur vos frères nécessiteux. Voici de pauvres orphelins, des enfants abandonnés, préparez-leur des demeures et des berceaux. Voici des vieillards, des infirmes, des multitudes de malades, fondez pour eux des hôpitaux, des asiles de convalescence. . . . .

On a dit que c'était sur le berceau de l'homme et non sur son tombeau qu'il fallait pleurer. Nous, chrétiens, nous pleurons et sur le berceau et sur le tombeau de l'Enfant-Dieu! S'il naît dans le dénûment, il meurt dans l'opprobre. L'étable annonce le calvaire; la crèche, la croix; les pauvres langes, le suaire du sépulcre; les cruautés d'Hérode, celles des Juifs et des Romains . . . .

Et pourquoi tant de larmes, tant de douleur, tant d'ignominie? Les prophètes nous répondent : Mais c'est pour expier le sensualisme des grands, des petits, des princes et des peuples et réparer ses effrayants ravages.

Laissons le Dieu Sauveur s'anéantir jusqu'à satiété. Quand je jette les regards sur les sociétés anciennes, livrées à toutes les passions d'ignominie, et qui tirent gloire de leur opprobre, je comprends qu'il faut les larmes et le sang d'un médiateur divin pour payer la dette de ces grands coupables; et quand je me demande quelle force pourra faire cesser des scandales devenus universels, je reconnais que les larmes et le sang de l'Enfant de l'étable, qui sera bientôt le Crucifié, ont seuls opéré ce prodige.

Quand, sur leur chemin semé de fleurs, ces multitudes affolées de plaisir et de volupté, ont rencontré une crèche et une croix, et que, pour aller en avant, il fallait fouler un petit enfant qui pleurait, le corps d'une victime couronnée d'épines, elles ont reculé d'épouvante ! Le Christ était vainqueur ! Elles foulent..... non la crèche, non la croix, mais la coupe fumeuse où elles buvaient l'ivresse des sens, l'oubli des heures, et traînent aux gémonies la volupté où, quoique fassent ces esclaves, mêmes princiers, elle demeure à jamais flétrie ! Avec l'Enfant de Bethléem, a commencé l'ère des pénitents et des purs qui sont la gloire de l'humanité. . . . .

Régnez donc sur nous tous, ô aimable Enfant, ô doux Sauveur, régnez sur les familles, qu'elles goûtent votre paix ! Régnez sur notre France, qu'elle soit toujours la France chrétienne, votre France, ô Jésus, et ses grandeurs, ses gloires, qui sont aussi les vôtres, seront impérissables. »

Nous terminerons ces citations par quelques passages d'un sermon de charité qui fut demandé à l'abbé Louvot par Mgr l'évêque de Bruges (1).

..... « Vous avez non seulement l'intelligence de la triste condition du pauvre, mais de la rédemption du pauvre et du riche par la pauvreté ! »

Voici le tableau qu'il fait, dans la première partie de son discours, de la souffrance physique du pauvre « Je sais qu'ici-bas tous les hommes ont à souffrir, qu'il y a des épines dans les couronnes de fleurs des plus fortunés convives, que les rois et les reines ont été vus pleurant comme les autres mortels; mais je sais aussi que le pauvre a la science expérimentale de toutes les douleurs physiques et morales. *Virum dolorum et scientem infirmitatem* (Isaïe, 53. — 3).

---

1. Intelligence des besoins du Pauvre. Sermon de charité, prêché à Bruges, en présence de l'évêque de cette ville, par M. l'abbé Louvot. *L'Enseignement catholique.* Janvier, 1870 page 12.

Le pauvre, il ne sort du sein de sa mère que pour être déposé dans l'étable. Ainsi que le Christ, a-t-il une seule pierre qui lui appartienne pour reposer sa tête ? Il faut qu'il marche et toujours sous la brûlante ardeur de l'adversité ; c'est par le Calvaire qu'il va à la fosse commune, quand il l'obtient, et là ses cendres trouvent-elles le repos perpétuel ? Les larmes d'un fils, d'une fille, d'une mère, d'une épouse, le consoleront-elles chez les morts ? Demain, où trouver sa poussière ? Ah ! toutes les douleurs de l'âme, du cœur, du corps, fondent surtout sur le pauvre comme sur une proie acquise... *Virum dolorum.*

Il peut bien dire : mon âme est triste jusqu'à la mort ! Ignore-t-il donc que les livrées de la pauvreté si vénérables aux yeux des vrais chrétiens, ne sont, pour les mondaiens qui ne voient de grandeur que dans la fortune, qu'un objet de mépris ? Il a entendu leurs discours, il sait ce qu'ils pensent de sa personne de sa misérable condition, quel lourd poids pour son âme : *Audivi vituperationem multorum commorantium in circuitu.* (Ps. XXX, 14).

Je sais qu'il est signalé trop souvent par les insulteurs de l'évangile du sacerdoce de Jésus-Christ, comme un être dangereux pour les sociétés, qui fait parties des recrues de l'émeute et du désordre, comme si c'était au pauvre qu'il faille demander et en France, et en Espagne, et en Italie et en Pologne, les dépouilles des monastères, des églises et même des trônes.

Le pauvre, mais quelle que soit la délicatesse de ses sentiments, l'honorabilité de sa conduite, n'est-il pas renié par d'anciens amis et même par ses proches, s'ils comptent parmi les heureux du siècle ? Le pauvre, personne ne le connaît, pas plus que Pierre ne connaissait le Christ à l'heure de sa passion. *Non novi hominem.*

Et quelle douleur encore pour le pauvre que l'incertitude où il est de savoir s'il pourra faire honneur à ses engagements, payer le pain qu'il partage avec sa famille, et la location du toit qui les abrite? Il est bien vrai que son âme est triste jusqu'à la mort.

Et qui dépeindra les douleurs de son cœur? Le sentiment de la joie lui est inconnu. Quelle douleur pour son cœur quand il ne peut plus contenir les larmes qu'il y tenait cachées ! Quelle douleur pour ce pauvre ouvrier, quand on lui enlève son fils, parce que la guerre, ce monstre qui ne vit que de chair humaine, a faim ! Quelle douleur pour cette pauvre veuve qui est sans argent, dont les derniers vêtements sont vendus et qui voit se presser autour d'elle des petits enfants qui pleurent parce qu'il n'y a plus de pain ! Et cependant, soir et matin, elle leur a appris à le demander à Dieu *qui nourrit pendant les jours d'hiver les petits du corbeau.*

Quelle douleur pour ce bon fils contraint de laisser partir pour l'hôpital cette mère qu'il aime tant, qui a passé tant de veillées près de son berceau, qui l'a nourri et à laquelle il ne pourra fermer les yeux ! Quel déchirement de cœur pour tous ces pères, ces mères, qui voient forcément s'éloigner d'eux leurs filles que tant d'écueils attendent, et qui, trop souvent n'obtiendront de place, d'emploi, de protection même qu'au prix de leur innocence, cette sainte dot du Ciel que rien ne remplace, pas même le diadème. Ah ! je ne m'étonne pas qu'il y ait tant de larmes, je ne dis pas dans les yeux, mais dans le cœur du pauvre, qu'elles soient sa nourriture du jour et de la nuit, car ses rêves sont encore des rêves douloureux, puisqu'ils ne sont que les désolantes images des douleurs de la veille. *Fuerunt mihi lacrymæ meæ panes die ac nocte.* (Ps. 41. 4).

Quand l'orateur en est arrivé à se poser cette question : Quelle est donc la cause de la pauvreté ? Il y répond ainsi :

« Comme en fait, ainsi que je l'ai constaté, la grande majorité des hommes est sous le joug de la pauvreté, et qu'en droit tous sont condamnés à le subir, car les riches d'aujourd'hui seront les pauvres de demain « La roue de la Fortune, qui tourne si rapidement sur son axe, leur dit saint Chrysostome, va jeter dans la poussière du chemin ceux qui touchaient hier au soleil. » C'est la grande loi d'expiation; il faut donc logiquement en conclure que la pauvreté est la conséquence d'un mal moral dont nous sommes tous solidaires. Où donc est le coupable dont la transgession a été si fatale à l'humanité entière? Adam, réponds à tes fils, Dieu t'appelle, *Adame, ubi es* ? C'est en effet Adam le riche, puisqu'il possédait l'univers qui, par sa révolte, nous a légué à tous sa pauvreté. » (Gen. III. 9).

L'homme, en se séparant de Dieu, s'est attaché à la terre avec frénésie, il lui a dit : Tu es mon héritage, mon Dieu. Le Dieu véritable lui a répondu : Tu n'auras pas la terre, elle est à moi, elle ne te donnera du pain qu'au prix de tes sueurs et de ton sang! La preuve de ce que j'affirme est dans la Genèse. Qu'est devenu le roi de la création ? En quel état il est chassé d'Eden, fortuné séjour? Il n'a pour vêtement que des feuilles qu'un premier vent d'orage a détachées des arbres de la forêt. Après une incomparable opulence, quelle pauvreté ! Et où va-t-il ? Il va au devant de la souffrance qui est la privation du bonheur, au devant de la maladie qui est la privation de la santé, au devant de la mort qui est la privation de la vie matérielle et le terme extrême de la pauvreté. *Per peccatum mors intravit in mundum..*

Nu il est sorti de la terre, nu il descendra dans le tombeau, et ce riche a bien mérité que la main de

Dieu se soit appesantie sur lui de tout son poids.
« Autant qu'il était en lui, dit Bossuet, il a voulu dépouiller Dieu ; autant que la justice souveraine peut
le faire, elle dépouille l'homme rebelle, et comme
rien ne peut résister à son action, elle lui a tout
enlevé, richesse, félicité, et la vie même, trois privations résumées dans ce seul mot, pauvreté ! *Nudus
egressus sum de terrâ et nudus revertar illuc.* »

Dans la seconde partie de ce discours, l'orateur
expose le mystère de la rédemption du pauvre et du
riche par la pauvreté.

« Jésus-Christ a sauvé le pauvre en lui rendant la
pauvreté acceptable, honorable et même désirable,
et il a opéré ce prodige en se servant de la pauvreté
pour affranchir, couronner, déifier le pauvre . . .

Le pauvre chrétien, mais il porte sur son front le
sceau des élus. Voyez sur ses lèvres quel sourire cé-
leste, quelle sérénité dans son regard, quelle dignité
dans son attitude, quelle patience dans ses épreuves!
Il est facile de reconnaître qu'il jouit de la sainte
liberté des enfants de Dieu, que le Christ l'a complè-
tement affranchi. *Christus nos liberavit* . . . . . .

Peut-être quelques-uns diront : . . . .

La royauté du pauvre, mais c'est une dérision ?
Saint Bernard répond : « Jésus-Christ, en épousant
la pauvreté, en la couronnant reine, a voulu que
tous ses fils fussent désormais de lignée royale, et il
en est ainsi. » Tous les trônes s'écroulent et avec
quelle rapidité, vous le savez; le trône de la pauvreté
est inébranlable : tous les diadèmes tombent, quelquefois sous un vent de tempête sociale, toujours
sous le souffle de la mort ! Le sien brillera encore
quand les étoiles seront éteintes ! . . . . , . .

La déification du pauvre par Jésus-Christ est un
fait incontestable. Jésus-Christ a voulu s'identifier
si intimement avec le pauvre qu'il entend, dit saint

Ambroise, que nous sachions qu'il souffre et expie dans la personne du pauvre.

La pauvreté est le salut du pauvre, elle est aussi le salut du riche en ce que, par la pauvreté volontaire, Jésus-Christ préserve les riches de la malédiction des richesses, les associe à l'expiation du pauvre, donc à sa récompense.

Il est vrai qu'il est écrit : « Malheur aux riches ! » Mais quand les riches, pour être les imitateurs de Jésus-Christ pauvre, se font volontairement pauvres, ne possèdent la fortune que comme la nuée les eaux pour les répandre, et l'arbre ses fruits pour s'en dépouiller toujours, qu'ils ne sont, dit saint Basile, que les économes des pauvres, les auxiliaires de la Providence, loin d'avoir à redouter les anathèmes attachés aux richesses, ils sont dignes des bénédictions célestes, car ils sont les pauvres les plus méritants, les plus parfaits imitateurs de Jésus-Christ qui, possédant tout, s'est fait volontairement pauvre pour enrichir les pauvres et apprendre aux riches comment ils pouvaient se préserver de la malédiction des richesses et aussi de les associer à l'expiation du pauvre, comme à ses récompenses. . . . . .

Il y a déjà quelque temps, je visitais une femme veuve, jeune encore, rongée par un cancer; elle comptait parmi les pauvres honteux et n'avait comme témoin de ses pleurs et pour l'assister, qu'un petit garçon de huit ans, aimable et affectueux enfant ! Emu jusqu'aux larmes de tant de douleur et d'abandon, je m'empressai de la signaler à des dames de charité. Dès le lendemain, l'une des plus nobles dames du faubourg Saint-Germain la visitait. A dater de ce jour, tous les matins elle se rendait auprès de la pauvre malade; elle lui apportait sa nourriture et celle de son cher enfant; elle réparait sa couche, la pansait, purifiait l'air, l'encourageait et l'aidait à descendre de sa mansarde ; elle lui donnait la première place dans sa voiture, et le cocher recevait l'ordre de les conduire au bois de Boulogne. Malgré de si tendres soins, la pauvre cancéreuse mourut, mais résignée et avec l'assurance que l'orphelin avait trouvé une bonne et sainte mère ! Croyez-vous que la victime et son ange consolateur puissent être séparées dans le ciel ? Oh non ! Après s'être trouvées ensemble à la peine, elles doivent être réunies dans la gloire. »

Le dernier numéro de l'*Enseignement catholique* contenant un discours de notre orateur, est celui du mois de juin 1870 (1). Voici la division de ce sermon : « Qui pourrait méconnaitre la toute-puissance divine dans la merveilleuse rapidité des conquêtes de l'apostolat, l'immensité divine dans l'universalité de ses conquêtes et le Dieu de l'éternité dans la perpétuité de ses conquêtes ? »

« Cette rapide expansion de la foi catholique, dit-il, dans la première partie, effraie tellement le directeur de Bithynie, Pline le païen, qu'il écrit au Senat : « Pères de la patrie, hâtez-vous d'aviser, la nouvelle susperstition, c'est ainsi qu'il nommait le christianisme, s'est emparée des villes, des campagnes, des moindres bourgades, elle a envahi toutes les conditions, tous les rangs, les temples sont abandonnés, les sacrifices interrompus, les légions sont gagnées. » Cette lettre, ou plutôt ce cri d'alarme, n'est-ce pas comme l'oraison funèbre du monde païen faite en présence de ceux qui le croyaient éternel ? Le voilà étendu sans vie dans la vallée des idoles où il va disparaitre sans pouvoir trouver un seul héritier pour recueillir sa dépouille méprisée, tandis que le monde

____

1. Fête de Saint-Pierre. — L'apostolat catholique par M. l'abbé Louvot. (Paris, saint Thomas d'Aquin). L'Enseignement catholique, juin 1870, **page 297.**

nouveau, le monde chrétien, la croix à la main, s'è-
lance radieux dans la carrière en s'écriant : Le présent et l'avenir sont à moi !

Après avoir montré que l'apostolat catholique est
de tous les temps, le prédicateur ajoute : « Si l'apostolat catholique est de tous les temps, il est aussi de
toutes les sociétés, de tous les gouvernements, et
cela doit-être. Qu'enseigne-t-il ? la vérité. Que prêche-
t il ? la charité. Or, comme la vérité est le fondement
du droit, du juste, la charité , l'inspiratrice féconde
de tous les devoirs, de tous les sacrifices, les seuls
éléments constituants des sociétés, il est donc partout à sa place quand ses doctrines sont comprises
des peuples et des rois. Ah ! ce n'est pas lui qui porte
dans les plis de son manteau, des semences de division, ni dans sa main une torche incendiaire. Si,
dans des jours néfastes on le voit descendre des se-
reines régions qu'il habite, ce n'est pas pour encourager des guerres fratricides, mais pour parler de
paix et d'amour. Et quand, en présence des trônes
brisés, ses mains s'élèvent pour bénir diillustres
funérailles, tout en versant des pleurs sur de grandes
infortunes, ses lèvres n'ont point de malédictions
pour ceux qui les conduisent. Ne sait-il pas que Dieu
seul demeure, que demain les victorieux auront
aussi leurs vainqueurs, et qu'eux aussi auront besoin
de larmes et de bénédictions. Passager pacifique sur
le vaisseau de l'Etat, il n'a pas à s'inquiéter des cou-
leurs qui pavoisent ses mâts. Il ne demande qu'une
chose, c'est qu'on le laisse s'agenouiller et prier sur
le pont pour conjurer l'orage, afin que tous arrivent
avec lui au port éternel. »

La troisième partie est consacrée à la perpétuité
de l'apostolat catholique. J'en extrais le passage suivant : « Ce dévouement de l'apostolat catholique ne
nous permet pas d'avoir la moindre crainte sur l'a-

venir de la religion qu'il prêche et défend. Tous les efforts de l'impiété ne font que constater sa durée, comme la vague furieuse constate l'indestructibilité du rocher qui brave l'Océan. Hier encore, vous le savez, des hommes de haine et de sang disaient : Détruisons le christianisme, anéantissons jusqu'à ses vestiges, et comme les morts seuls ne reviennent pas, réduisons au silence, par le glaive, la race des apôtres, qui a la prétention d'être perpétuelle. Et les vaillants et les forts furent jetés pêle-mêle et tout mutilés dans la fosse large et profonde. Les apôtres cessèrent-ils en Israël ? C'est alors que J.-C., comme sous les règnes de Néron et de Dioclétien, fit appel, non aux puissants ni aux riches du siècle, mais à ce qu'il y avait de plus humble et de plus méprisé dans le monde. Il alla chercher des apôtres sur les bords des fleuves, derrière la haie des chemins, parmi les artisans et même les pâtres. Ces apôtres improvisés, effrayés d'une si sainte et si redoutable mission, lui dirent : « Seigneur, mais nous ne sommes que des enfants, nous ne savons que bégayer, et sommes-nous donc assez purs pour vos autels. » Il leur fut répondu : « J'ai du feu pour purifier et vos lèvres et vos cœurs, et mon esprit vous enseignera toute vérité *docebit vos omnem veritatem*. »

Et ce sont ces hommes de rien qui ont relevé les ruines de Sion, eux qui ont réuni les restes des tribus exilées. Ce sont eux qui nous ont catéchisés, instruits, eux qui ont consacré nos fronts, formé nos mains à de bons combats, eux qui nous ont laissé de tels exemples d'abnégation, de zèle, de dévouement sacerdotal qu'il nous suffit de les imiter, même de loin, pour n'être pas trop indignes d'être associés à la mission de l'apostolat catholique. Ah ! que leur mémoire vénérée soit à jamais bénie ! *Sit memoria illorum in benedictione !* . . . .

O France, bénis Dieu de la large part qu'il t'a faite dans cette œuvre de résurrection (des peuples de l'Orient à la foi chrétienne), bénis Dieu de la double fécondité. Si tu es la patrie des braves, tu es surtout la patrie des saints, des héros de la foi. Si tu ne peux compter le nombre de tes vaillants capitaines, peux-tu donc compter celui de tes apôtres qui s'élancent perpétuellement de tes rivages pour aller sauver les peuples assis dans les ombres de la barbarie, de la mort?

Parlez, jeunes apôtres de Jésus-Christ, aller continuer la mission sublime de l'apostolat catholique. Nobles pionniers de la véritable civilisation, reculez tellement les bornes milliaires de l'empire de Jésus-Christ, qu'il n'y ait plus rien au delà que les rives éternelles. Allez, que partout l'homme égaré dans ses voies trouve l'empreinte sacrée de vos pas, et soit contraint de confesser que là a passé une race impérissable, divine !

Tels furent les accents qui, pendant vingt ans, retentirent dans la plupart des églises de Paris. Je les trouve énumérées dans les nombreuses lettres des curés de la capitale qui sollicitent de l'infatigable aumônier de la Charité, une station ou un sermon de circonstance et aussi dans les pièces authentiques émanées de l'archevêché et qui, selon l'usage, l'autorisait à annoncer la parole de Dieu pendant le cours d'une station. J'y vois s'y succéder : St-Roch, La Madeleine, St-Germain-des-Prés, St-Eugène, St-Vincent-de-Paul, St-Eustache, La Trinité et tant d'autres églises ; il y en a cependant quelques-unes où, plus qu'ailleurs, il exerça son zèle apostolique et où il devint comme le prédicateur ordinaire. De ce nombre sont : Notre-Dame-de-Bonne Nouvelle, St-Augustin, St-Joseph, St-Thomas d'Aquin, etc.

Les citations que nous avons faites, et qui nous

ont semblé nécessaires, ont bien pu donner au lecteur un aperçu du style du chanoine dijonnais, elles sont impuissantes à lui donner l'idée de son action oratoire. Il faut avoir vu et entendu l'abbé Louvot pour juger l'orateur selon sa valeur.

Sa démarche et sa pose sont assurées sans être hautaines ; sa physionomie, empreinte d'une singulière énergie, annonce la résolution ; sa voix sonore, capable de se faire entendre dans les plus grands vaisseaux, articule si franchement les mots, qu'on n'en perd pas un seul ; son geste, ample et majestueux, est rapide comme sa pensée ; une émotion, contenue quelque fois, et à laquelle il donne, le plus souvent libre carrière, répand, dans son discours une chaleur communicative ; sa sensibilité est facilement excitée, dans les passages pathétiques, et il n'est pas rare de voir couler, sur le visage de l'orateur, des larmes qui attirent celles des auditeurs ; il se souvient fréquemment du précepte du vieil Horace :

> « .....*Si vis me flere, dolendum est*
> *Primum ipsi tibi.* » (1).

Ceux qui ont entendu l'abbé Louvot, le soir du Jeudi-Saint, exposant le drame si émouvant du Calvaire, ne n'oublieront jamais et ont dû le retrouver dans le portrait que nous avons essayé de faire de lui.

De telles qualités oratoires justifient les préférences dont il fut l'objet à Paris, nous ne pourrions pas, sans tomber dans des rédites, rapporter tous les témoignages flatteurs qu'il reçut de la part des curés de la grande cité, aussi bien en avons-nous déjà cité quelques uns dans le cours de notre récit : qu'il nous suffise donc d'en donner ici un ou deux qui peuvent résumer tous les autres.

---

1. Horace. Art poétique, vers 102.

M. l'abbé Bourgoin, curé de Saint Augustin lui écrivait en 1854 : Nous avons entendu, à Saint Augustin,
tous nos orateurs en renom : Le P. Lacordaire, le P.
Ravignan, le P. Ventura, des écrivains d'un talent
éminent, comme M. Maret ; et pourtant ce n'est pas
vers eux que remontent nos désirs les plus empres-
sés. Votre parole si vraie, si simple, si naturelle,
vraiment inspirée par la foi et par la piété nous ravit
très particulièrement. Je désirerais, qu'à l'avenir,
vous fussiez assez bon pour considérer la chaire de
St Augustin comme votre conquête et votre propriété ; qu'il vous plût d'y monter souvent, les dimanches et les fêtes de l'année. Soyez convaincu que
vos apparitions n'y seront jamais assez fréquentes
pour contenter nos sympathies envers vous. A l'œuvre et surtout à Saint Augustin. Dieu vous y appelle
pour donner à votre ministère des consolations particulières par des conversions qui sont l'objet de vos
vœux et des miens, etc. »

Il se rendit, pendant nombre d'années, à un appel
si pressant et si encourageant à la fois, et, lorsque
quatorze ans plus tard, M. l'abbé Langénieux (1)
fut appelé à recueillir, en 1868, à Saint Augustin, la
succession du vénérable abbé Bourgoin, il trouva le
nom de l'abbé Louvot inscrit pour la station de l'A-
vent de cette même année. « Je viens, lui écrit-il
aussitôt, vous prier de vouloir bien tenir l'engage-
ment que vous avez pris vis-à-vis de mon vénéré
prédécesseur pour *l'Avent* 1868. Je puis, je l'espère,
compter sur vous et je m'en réjouis. Je vous envoie
mes vœux et mes meilleurs sentiments d'affectueux
respects. »

Cette station fut une des dernières que devait prêcher l'aumônier de la Charité ; en 1869, il évangélisa

1. Devenu évêque de Tarbes en 1873, archevêque de Reims
en 1874, et cardinal.

encore les fidèles de Paris, puis vint l'année de 1870 qui le trouva prêt à remplir un ministère autrement pénible. Il se prépara à ce rude labeur qui l'attendait, par un acte de foi et de soumission à l'Eglise. On se souvient que c'est à cette époque que fut défini le dogme de l'infaillibilité papale. Notre abbé appartenait à cette génération sacerdotale qui avait été élevée, en France, dans une croyance tout à fait opposée. Quand il étudiait la théologie, au séminaire, on ne pouvait y enseigner une doctrine différente de celle de la déclaration de 1682, que l'on mettait partout en pratique. Il n'était pas, jusqu'à l'installation d'un prêtre, dans la plus modeste cure de village, qui ne fournit le prétexte de la rappeler, en insérant, au procès-verbal, que la prise de possession s'était faite selon les immunités, franchises et libertés de de l'Eglise gallicane (1). On sait quel est l'empire des convictions, qui se sont formées dans l'âme, pendant la jeunesse ; notre chanoine était donc du nombre de ceux qui, en France, ne croyaient point à l'infaillibilité personnelle du Souverain Pontife, il me l'a dit luimême d'une façon aussi formelle qu'originale, mais il voulut rester catholique et, *par vertu,* il se soumit à la définition.

1. Procès-verbal d'installation de M. Morel, dans le canton d'Aignay-le-Duc, en 1821, écrit par l'abbé Louis Jamot (1801-1865) alors clerc tonsuré. Il fut, pendant longtemps, directeur à Plombières et mourut Chanoine honoraire, à Dijon.

CHAPITRE V.

Le Siège de Paris. — La Commune. — Attaque des insurgés. —
Départ de Paris. — Poitiers. — Retour à Dijon. — Testament.
— Dernière maladie. — Mort. — Sépulture.

La guerre vient d'éclater, et, avec la guerre, hélas !
au lieu des victoires attendues, des défaites inouies
attristent tout cœur français. Bientôt Paris, enfermé
dans un cercle de fer, est en proie aux horreurs de la
famine. Les hôpitaux, pendant le siège, sont assaillis
par les infortunés que la misère, la maladie et les
privations de toute sorte accablent de leur poids.
L'aumônier de la Charité se multiplia et, grâce à d'in-
génieux dévouements, il put, non sans peine, mais
assez vaillamment, malgré ses 72 ans, traverser de
si dures épreuves.

Quand l'investissement de Paris eut pris fin, on ne
fut pas sauvé. L'insurrection de la Commune, pour
beaucoup, et en particulier pour l'abbé Louvot, fut
plus terrible que la guerre étrangère. Les prêtres
avaient dû renoncer à porter leur costume ecclésiastique dans les rues de Paris ; l'abbé Louvot qui, contrairement à l'usage, traversait la ville, après un
enterrement, en habit de chœur, pour montrer à tous

que la religion n'était pas morte, ne voulut jamais quitter sa soutane. Je l'ai portée disait-il, en 1830 et en 1848, je ne la laisserai pas en 1871. Mal lui en prit.

Un jour qu'il traversait la place de la Concorde, il fut arrêté par les Fédérés qui préparaient l'insurrection avec des canons et des mitrailleuses, sur l'emplacement même où 78 ans auparavant, d'autres énergumènes avaient fait tomber la tête de leur Roi. Ils refusaient de laisser passer l'abbé Louvot avant qu'il criât : Vive la Commune ! Le vieux prêtre ne voulut crier que : Vive la France ! On allait lui faire un mauvais parti quand, heureusement pour lui, un ami le reconnut. L'abbé Aldrovandi, vicaire à Saint-Augustin, que son costume laïque protégeait contre la fureur des révoltés, leur dit, avec toute l'énergie que lui inspirait son affection pour le prédicateur de sa paroisse. Malheureux, qu'allez-vous faire? Ce prêtre, ce vieillard est depuis quinze ans aumônier de la Charité, il a prodigué à vous ou à vos frères, ses soins et son dévouement, au nom de la reconnaissance, laissez le passer. A ces mots, le cercle s'ouvre, avec accompagnement de paroles d'une jactance qui dissimule mal une défaite, et l'aumônier est libre.

Le coup fut terrible pour lui ; il ne faut pas oublier que l'abbé Louvot était âgé, qu'il était affaibli par les souffrances et les privations endurées pendant le siège ; il tomba malade. Mgr Darboy (1), qui devait, si peu de temps après, renouveler le sacrifice des Affre et des Sibour, en tombant martyr sous les balles, auxquelles avait échappé l'abbé Louvot, en apprenant son état, lui conseilla de quitter Paris et

1. Mgr Georges Darboy (1813-1871), évêque de Nancy en 1859, archevêque de Paris en 1863.

d'aller en province se remettre de ses fatigues. Mais
où aller ? Dijon, qui s'offrait tout d'abord à sa pensée,
était livré à l'invasion allemande et ne pouvait être
pour lui qu'un attristant spectacle ; il se décida donc
à aller s'installer provisoirement à Poitiers. Il partit
le 23 mars, et ce ne fut que grâce à un innocent sub-
terfuge qu'il put, tout en conservant son habit ecclésiastique, traverser, à Ivry, les postes des Fédérés
qui scrutaient les voitures et les wagons contenant
des voyageurs pour la province. Il demeura près de
dix mois dans la ville épiscopale de Mgr Pie (1), qui
l'accueillit cordialement, lui offrit une stalle dans sa
cathédrale, et lui écrivit, à Dijon, les 17 mars et 29
décembre 1872, deux lettres où les témoignages les
plus affectueux se mêlent aux regrets du Prélat qui
comptait garder plus longtemps le digne aumônier
de la Charité. Dès que les troupes allemandes eurent
évacué la Bourgogne, l'abbé Louvot songea à venir
habiter dans son cher Dijon. Il y rentra en effet le
12 janvier 1872. Il venait y passer, dans la paix, les
dix dernières années de sa vie et s'y préparer au
grand voyage, qu'il avait aidé tant de chrétiens à
faire.

Mgr Rivet, son contemporain, était encore là pour
recevoir le champion des luttes politiques de 1848.
En m'accueillant avec bonté, me disait-il, il me rappela que, depuis longtemps déjà, j'étais le doyen de
ses chanoines honoraires, qu'il me verrait, avec plaisir, occuper ma stalle à Saint-Bénigne, et peu de
temps après ma visite, il est venu lui-même me voir
dans l'appartement où je m'étais fixé (2). La glace
était rompue ; l'abbé Louvot, dont le cœur était bon
fut touché de ces marques de bienveillance du vieil

1. Le cardinal Pie, évêque de Poitiers (1815-1880), nommé
évêque de Poitiers en 1849.
2. Rue Condé n° 78.

évèque de Dijon, et oublia vite les dissentiments que vingt années avaient déjà effacés.

Je n'ai plus qu'à raconter brièvement les dernières années et la mort du vieux chanoine. Je crois l'avoir déjà assez fait connaître pour justifier les éloges que je lui donnais au commencement de cette modeste étude; Je n'ai pas prétendu qu'il fût parfait; quel est celui d'entre nous qui l'est ici-bas? Mais il était du nombre de ceux dont les grandes qualités rachètent les petits défauts

J'aime à lui appliquer ce vers d'Horace (1) dont je ne crains pas d'altérer la cadence pour mieux rendre ma pensée :

> Verum, ubi plura nitent in *Homine,* non ego paucis
> Offendar maculi.

A partir de 1872, on voyait à Dijon, un prêtre âgé qui, chaque matin, se rendait à la cathédrale pour dire sa messe. C'était notre chanoine que les Dijonnais retrouvaient sous les glaces de l'âge, après l'avoir connu dans la fougue de la jeunesse. Sa démarche était plus lente, mais ses manières n'avaient point changé; en le voyant, comme autrefois, faire ses promenades habituelles dans les rues de la ville, parlant à haute voix et s'arrêtant çà et là pour interroger de vieux amis; on aimait à redire : C'est toujours l'abbé Louvot. Il partageait son temps entre la prière et la lecture des livres sérieux qui avaient été les compagnons de sa vie; souvent je l'ai trouvé dans la société de ces amis fidèles.

Quand ses forces ne lui permirent plus de parcourir, à pied, les rues de son cher Dijon, il le fit en voiture; il aimait à revoir ces places, ces prome-

1. Art. poétique, vers 350.

nades, ces monuments, qui lui rappelaient tant de souvenirs !

En 1877, se sentant de plus en plus affaibli, il écrivit son testament le 8 novembre.

C'est sous le regard de Dieu, dit-il, dont j'implore la grande miséricorde, que je consigne ici mes dernières volontés. Il commence par reconnaître le dévouement exceptionnel dont il fut entouré, durant trente ans, et qui se manifesta surtout pendant le choléra dont il fut atteint, à l'hôpital de la Charité en 1865, pendant le siège de Paris, et enfin dans les terribles débuts de la Commune, alors qu'il fut forcé de fuir pour échapper à la fureur des insurgés.

Après avoir désigné les messes qu'il demande pour le repos de son âme, il lègue aux pauvres de Dijon, secourus par les différentes Religieuses de la ville, des sommes déterminées, ils donne ses ornements et vase sacré à la nouvelle église de Sainte-Chantal, et ses livres aux jeunes vicaires de la cathédrale, il laisse à ses amis différents souvenirs parmi lesquels on voit figurer : un camée représentant l'empereur Napoléon 1er, qui lui fut donné par la veuve du docteur Yvon, médecin, à Ste-Hélène, du grand proscrit, une croix et un chapelet, bénis par Pie VII, en 1805, à son passage à Chalon-sur-Saône, un saint François d'Assise, don de l'ancien évêque de Châlons-sur-Marne (1854), une relique et un portrait de Saint-Vincent-de-Paul, qui lui avaient été donnés par la sœur Rosalie, de la rue Saint-Jacques, religieuse de vénérée mémoire; enfin, il offre à la ville de Dijon, pour son Musée :

« Une belle Vierge de Carlo Marato, école italiennne, bien appréciée à Dijon et à Paris, Rome, 1659. L'éducation de la Vierge, par Charles Lebrun, école française, tableau signé : C. L. Saint-Jean de Dieu par Moralès, surnommé le divin, école espagnole. Les

chefs de la Réforme, gravure très rare et bien esti-
mée (1). L'apothéose de Bossuet, par la Bourgogne (2),
idée très originale; on y voit au premier plan, Dio-
gène éteignant sa lanterne : L'homme est trouvé !!
Mon buste, en terre cuite, si on veut bien l'accepter,
non pour le personnage qu'il représente, mais pour
le statuaire éminent qui a tenu à l'exécuter, et qui a
eu les honneurs d'une des plus grandes exposi-
tions (3). »

Pour des motifs que nous ne voulons pas apprécier, mais dont nous regrettons souverainement la
conséquence, on refusa une partie de ces dons. Le
buste était néanmoins compris parmi ceux que l'on
voulait bien recevoir. Espérons, pour l'honneur de la
mémoire de notre compatriote, que son désir sera
satisfait.

Dès l'année suivante, 1878, le vieux chanoine dut
renoncer à dire, chaque jour, la sainte messe, ses
forces trahissaient son courage. Ne pouvant presque
plus sortir, il se recuellit, plus que jamais, en médi-
tant les années éternelles. Il édifia, par sa foi et sa
résignation, les deux religieux qu'il avait chargé de
la direction de sa conscience (4), et les jeunes vicaires de Saint-Bénigne et de Saint-Michel (5) qui, de
temps en temps, lui apportaient le pain des forts. Le

1. On y lit ce texte : *Lumen quod est in te tenebræ sunt.*

2. Gravure que le chanoine avait découverte à Paris, et qu'il
s'était empressé d'acquérir.

3. M. Carrier-Belleuse (1824-1887). On lui commanda un jour
le buste du Kronprinz d'Allemagne. Le statuaire s'excusa disant
que le prix serait trop élevé, et comme on insistait en demandant le prix, l'artiste répondit : *Cinq milliards.*

Le buste de l'abbé Louvot porte le n° 3152 pour l'exposition
de 1867 à Paris et la date de 1859.

4. Le R. P. Bissey, dominicain, et le R. P. Gonet, jésuite.

5. Sur les dernières années de sa vie, il occuppait un logement au rez-de-chaussée, rue Saint-Pierre, n. 7, paroisse Saint-
Michel.

12 juin 1879, une première attaque de paralysie le
condamna davantage à l'immobilité. En 1881, on
crut un moment qu'il allait mourir, et, détail touchant,
ce fut son vieil ami le chanoine Gruère qui vint lui
donner l'extrême-onction. Il vécut cependant encore
deux ans, si l'on peut appeler vivre l'existence qu'il
avait sur terre. Sa brillante intelligence elle-même
s'était obscurcie, et ce n'était que par intervalle qu'il
retrouvait sa lucidité ; il était comme ces lampes qui,
avant de s'éteindre tout à fait, jettent encore, par
soubresauts, de passagères clartés. Une seconde fois,
il reçut les derniers sacrements de l'Eglise, et on
peut dire qu'il était mort depuis longtemps quand il
rendit le dernier soupir, le 5 mai 1883.

Dieu m'a accordé la consolation de prier longue-
ment près de son corps glacé et recouvert, une dernière fois, du costume canonial. C'était bien encore
ce front vaste qui avait abrité tant de pensées diverses ; sous ces paupières closes, je devinais l'éclair de
son regard ; et sur ces lèvres, désormais muettes, je
croyais toujours voir errer le sourire de bienveillance
ou de pitié, qui les avait tour à tour animées ; mais
tout cela était empreint de cette majesté grave que
donne la mort à tout ce qu'elle touche.

De nombreux amis vinrent prier pour lui à Saint-
Michel où plus de 70 ans auparavant, Dieu s'était
donné à son âme pour la première fois. Il alla ensuite
occuper la place qu'il s'était choisie, près des siens,
dans cette nécropole dijonnaise, ouverte à l'époque
de sa naissance (1), et fermée peu de temps après sa
mort. Sur son tombeau, on inscrivit ses titres et qualités, mais lui-même avait eu soin d'y faire graver

---

1. Avant la Révolution, les inhumations se faisaient, à Dijon
autour des églises des sept paroisses de la ville. Le cimetière
que l'on vient de fermer récemment fut ouvert le 1er mai 1783
et fermé le 1er juillet 1885.

une phrase dont la fin est une prière. Je la redis
après lui afin que, deux fois exaucée par Dieu, le
disciple aille, un jour, retrouver le maitre dans
l'éternité.

« LA MORT EST UN PASSAGE
A L'IMMORTALITÉ.
PAR LA GRACE DE JÉSUS-CHRIST
A LA BÉATITUDE.
DIVIN RÉDEMPTEUR
FAITES-MOI CETTE GRANDE
MISÉRICORDE. »

TABLE DES MATIÈRES

Dijon. — Damongeot et Cie, rue St-Philibert, 40.